L'ANNÉE RUSTIQUE
EN PÉRIGORD

IL A ÉTÉ TIRÉ DE CET OUVRAGE :

20 exemplaires sur vélin pur fil Lafuma.

EUGÈNE LE ROY

1836-1907

Eugène LE ROY

L'Année Rustique

EN PÉRIGORD

MONTIGNAC

IMPRIMERIE DE LA VÉZÈRE, RUE DE LA LIBERTÉ

1921

NOTE ORTHOGRAPHIQUE

Périgordin dérive tout naturellement de Périgord, comme *Andorran,* d'Andorre, *Armoricain,* d'Armorique, *Forézien,* de Forez. C'est l'ancienne orthographe; nos vieux auteurs, Montaigne, Brantôme, le père Dupuy, l'employaient toujours.

Dans un mémoire cité par Bayle, à l'article Jean de Selve, Baluze, qui vivait encore au dix-huitième siècle, parle d'un auteur nommé Jean Bertaud, *Périgordin.*

Après ces autorités, on peut citer aussi le poète Marc de Maillet qui, dans le titre de ses *Epigrammes,* se dit *périgordin;* et le sieur de la Campie, auteur de la *Juliade,* qui se qualifie de gentilhomme *périgordin.*

Plus tard, la *Maison rustique* de 1763, à l'article *Panis,* dit que les Gascons et les *Périgordins* l'estiment fort, en font des gâteaux, et le mangent avec du lait ou du bouillon gras.

C'est, je pense, vers la seconde moitié du dix-huitième siècle que l'on commença d'ajouter au mot *périgordin* cet *u* qui l'alourdit, l'assourdit et lui donne une physionomie engoncée.

Mais l'ancienne orthographe persista concurremment jusqu'au dix-neuvième siècle, car en 1818, J.-B. Caville faisait encore imprimer à Périgueux, *Les Périgordinismes corrigés.*

Quel est l'auteur de l'adjonction malencontreuse de cet *u*? Je ne sais. Peut-être est-ce un écrivain soigneux et économe qui n'aura pas voulu laisser perdre cettre lettre *u* que, précisément vers ce même temps, nos voisins énucléaient avec raison des mots *Bourdeaux, Bourdelais.*

Quoi qu'il en soit, *périgordin* est la vraie orthographe étymologique, historique, euphonique, et je m'y tiens.

On m'objectera l'usage. A ceci je réponds que la forme *périgordin* était seule usitée lorsque la nouvelle a commencé à prévaloir. Si l'on a pu s'écarter de l'usage pour adopter une orthographe défectueuse, on peut bien s'en écarter aussi pour revenir à la bonne.

Je donne ces quelques lignes à titre d'explication seulement, car je n'ai pas la prétention de faire école. Je sais que ce n'est pas sur de bonnes raisons que se décident des raisons de ce genre, ni même d'autres plus importantes.

E. L. R.

GERMINAL

De la terre échauffée par les rayons du soleil vainqueur de l'hiver, montent des senteurs champêtres. Au bord des prés, le long des chemins, fleurissent les peupliers, les frênes, les ormes, et les érables, que nous appelons « azeraüs ». Sous les futaies, au bas des talus rocheux, les pervenches tapissent le sol et, le long des haies — des « randals » — les prunelliers développent leurs fleurs blanches. Au milieu des bruyères, les genêts à balais, les ajoncs, se couvrent de fleurs d'or ; et, dans les taillis où brille l'écorce argentée du bouleau, les bourgeons s'entr'ouvrent au souffle tiède du printemps.

C'est le renouveau de l'année ; la terre s'éveille après le sommeil hivernal. Dans les buissons, les oiselets volètent ; les pinsons chantent dans les vergers et, dans les pêchers fleuris et les amandiers aux fleurs neigeuses, les chardonnerets se poursuivent et font l'amour.

Partout la sève monte sous l'écorce des arbres, et les « droles » font des sifflets et des « charaméles » en tapant à petits coups avec le manche de leur couteau sur un bout de lilas ou de saule. Il semble, en prêtant l'oreille, qu'on entende un bruit léger, comme la germination des plantes sortant lentement du sein de la terre en gésine.

Sur les coteaux pierreux du Périgord, le paysan fouit sa vigne. Devant lui, sa femme, en chemise de grosse toile par-dessus ses cotillons, ramasse et noue les sarments de la taille en un petit faisceau appelé « javelou » en patois, très idoine à faire les crêpes au temps des vendanges, et dont la flamme claire chassera l'humidité des premiers jours de brumaire.

Çà et là, dans les combes, sur les croupes arrondies, le bouvier, en tablier de cuir, fait les semailles de printemps, après avoir épandu le fumier sur la terre qui lui rendra ce fient en produits nourriciers.

A l'orée d'un pré, contre une bordure de chênes, la bergerette garde ses brebis en faisant sa chausse, tandis que l'aïeul, armé d'un « piochou » léger qui ~~qui~~ lui sert aussi de bâton, abat les taupinières. S'il n'est guère ingambe, le « grand » plante au jardin des laitues qui feront des salades rafraîchissantes pour le « merenda » au temps des « métives ».

Sur le toit de la fuie bourgeoise, les pigeons roucoulent à force et, dans la cour des métairies, les coqs d'Inde énamourés rouent autour de leurs femelles avec des gloussements détonants et des bruits d'ailes stridents.

Le printemps astronomique arrive le premier germinal ou vingt et un mars, mais le printemps vrai retarde quelquefois, comme les hirondelles, malgré le dicton :

> Per sen Jose
> L'iroundelo ve.

En cette saison encore indécise, l'hiver a parfois des retours offensifs. Dans la semaine sainte, par exemple, le mauvais temps vient assez régulièrement, comme l'omelette traditionnelle de Pâques, appelée pour cette raison *pascado* en de certaines régions du Périgord. De ce retour annuel, les gens superstitieux concluent que la nature s'asssocie au deuil de l'Eglise attristée par la mort de Christ.

Souvent, entre deux ensoleillées, les giboulées mêlées de grésil — de « granisso », comme nous disons — surviennent soudain et mouillent jusqu'à la peau le paysan aux champs. Lui ne s'en étonne pas; il sait qu'il faut de l'eau pour faire « profiter le revenu » et pousser l'herbe!

Pluie d'avril pour l'homme, pluie de mai pour le bétail.

C'est une dure vie que celle de ce paysan qui nous nourrit tous, mais elle est saine et forte. Il subit stoïquement les intempéries des saisons, les colères de la nature et ses rudes caresses : le froid, la pluie, le vent, la neige et le soleil brûlant. Son « sans-culotte » — ainsi appelons-nous la veste qu'au temps de la Révolution on nommait carmagnole — son sans-culotte est déchiré, ses pieds sont terreux dans les sabots informes, mais qu'importe? Debout sur son champ, son lourd « bigot » ou hoyau à la main, il est maître, il est roi. Sa figure est hâlée, sa poitrine velue est tannée, mais il est dur à la maladie comme à la peine et dort d'un bon sommeil dans ses draps d'étoupe, près de sa femme, rude comme lui. Celui-là c'est le vieux, l'ancien paysan propriétaire; le nouveau est moins fruste.

Cet homme, quoique pauvre, est heureux, parce qu'il n'a pas de besoins factices, que peu lui suffit et qu'il est libre. Toute la semaine il ahane, mais le dimanche il fait sa tournée sur ses champs et se réjouit intérieurement en voyant de belles espérances de récolte. Sa propriété est ordinairement composée d'un noyau et de pièces séparées quelquefois, comme le veut la nature des cultures.

Aux pentes d'un « terme » est sa vigne avec une cabane ronde couverte de pierres plates en cul de four. Au-dessus, des friches, des bruyères avec une douzaine de châtaigniers à fruits et, à la cîme, un taillis ou « garrissade » aux chênes clair-semés qui, avec le récurage des arbres de bordure, lui fournit le chauffage.

Dans la combe sont ses terres à blé, plantées de quelques noyers qui lui donnent l'huile à manger et celle du « calel ». C'est là aussi qu'il sème ce « blé rouge » où grimpent les haricots, ce maïs proscrit par la savante agriculture, mais qui pourtant sert à élever la volaille, à engraisser les cochons — parlant par respect — et qui fait ces bons « millassous » cuits dans la tourtière, et ces bonnes « rimottes » frites dans la poële, à l'huile de noix. S'il joint à cela un champ en terrain plus léger pour faire des pommes de terre, le voilà un peu plus à l'aise. Enfin, s'il a plus bas dans la plaine — dans une « rivière », comme il appelle un vallon arrosé par un cours d'eau — un petit pré suffisant pour tenir une paire de veaux de harnais pendant le temps des labours, et une bourrique pour faire du fumier et transporter sa « besogne » à l' « oustal », il a le nécessaire.

Ce n'est pas lui qui demande la comassation que voudraient imposer des agriculteurs en chambre. Il sait qu'il lui faut des terres de qualités différentes pour ses diverses cultures : des bois pour le chauffage, et même des friches en mauvais terrains où paissent sa chèvre et sa demi-douzaine de brebis, lorsque les « retoubles » ou éteules sont retournés par son araire ; tout cela ne se trouve pas ordinairement ensemble réuni.

Le bien de notre homme n'est pas grand, mais il en est mieux travaillé par une culture intensive, et il produit assez pour le nourrir et sa famille. Marius distribua quatorze *Jugera* de terre à ses soldats en disant : « Aux dieux ne plaise qu'un seul citoyen romain trouve trop petite la portion de terre qui suffit à le nourrir ! » Et moi je voudrais que tout travailleur des champs eut, en toute possession au moins quatorze « journaux » de terre assortie. Cela fait, dans notre pays, un peu plus de cinq hectares et demi, et ce serait suffisant, en fertilité moyenne, pour une famille vaillante. Mais le moyen que tous nos pauvres Jacques-sans-terre aient le nécessaire lorsque d'autres ont tout le superflu ?

Il y a en Périgord de nombreux domaines de plusieurs centaines et même de milliers d'hectares cultivés par de malheureux métayers, bordiers, tierceurs, qui y vivent à peine, et par toute une population de mercenaires, journaliers, ouvriers agricoles, qui reçoivent un salaire dérisoire des opulents propriétaires de ces terres immenses. J'ai honte pour ceux-ci de le dire : il en est qui, pour de longues journées de douze et quatorze heures, donnent trente misérables sous à des hommes qui ont le plus souvent un loyer à payer et une famille à nourrir ! Qu'on songe aux pensées qui assaillent ces pauvres ahaniers en voyant qu'un seul homme oisif possède la terre, alors qu'eux, dont le métier est de la travailler, n'en ont pas de quoi semer un grain de blé !

Oh ! quelles réminiscences farouches de leurs pères, les Croquants du Périgord !

Comment, au mépris de la justice, de l'équité, de l'humanité, des accaparements sont-ils possibles ? Que valent la légalité qui les a permis et la société qui les tolère ?

Ah ! sans doute, il faut respecter la propriété qui vient du travail ; mais est-ce donc que ces immenses domaines ont été créés par un labeur honnête ? Quelle considération doit-on au hasard successoral ? aux viles combinaisons matrimoniales ? aux caprices testamentaires ? Faut-il respecter ces terres seigneuriales acquises de l'or des tripots ou d'origine isthmique ? Quel respect mérite la propriété qui vient de l'usure, du vol, de la prostitution, du brigandage féodal, du brigandage industriel ou financier ?

La propriété même qui vient du travail doit être limitée. Il ne faut pas que l'homme plus fort, plus courageux, plus intelligent que les autres hommes, puisse abuser de ses avantages jusqu'à priver par l'accaparement les plus faibles ou moins bien doués, de la portion nécessaire à laquelle ils ont droit étant hommes. Nul ne devrait occuper plus de terre qu'il n'en peut mettre directement en rapport, car le travail seul légitime la possession. C'est pour cela qu'autrefois il était permis à tout homme de cultiver une terre abandonnée et d'en faire les fruits siens. Que la limite maximum soit reculée assez pour développer l'énergie humaine et stimuler le travailleur ; mais il faut une borne après laquelle celui-ci mettra son ambition non plus à étendre sa propriété, mais à l'améliorer.

La loi Licinia, qui limitait la quantité de terre qu'un citoyen pouvait posséder, eut les plus heureux effets. Les vieux historiens de Rome sont d'accord pour le constater. Tous la citent avec éloge pour avoir empêché, puis retardé, la constitution de ces immenses domaines qui dépeuplèrent et ruinèrent l'Italie.

« Il ne suffit pas, dans une bonne démocratie, dit Montesquieu, que les portions de terre soient égales, il faut qu'elles soient petites ».

Or, il y a en France un territoire agricole de quarante-neuf millions d'hectares, sur lesquels *cinq cent mille individus* possèdent *trente-deux millions d'hectares; cinq millions cinq cent mille propriétaires* se partagent les *cinq millions d'hectares* restant, très inégalement, le plus grand nombre n'ayant qu'un lopin.

Les d'Orléans ont d'immenses domaines de *trois et quatre mille hectares*, sans parler des *vingt-quatre mille hectares* de bois arrachés à la France ruinée par la guerre; et la tribu des Rothschild a accaparé, dit-on, *des dizaines de mille hectares!*

Et il y a plus de *trois millions* de travailleurs qui n'en possèdent pas un pouce!

A quand notre loi Licinia?

Pendant que je posais ce point d'interrogation, là-haut sur les coteaux boisés reverdis, chantait le coucou, et je me remémorais le proverbe périgordin :

Entre martz e abriü,
Saubrez si lou coucu
Es mort ou viü.

FLORÉAL

Le soleil, dans sa route céleste, s'est élevé sur l'horizon au signe du taureau zodiacal, et ses rayons plus chauds hâtent la végétation. A la vieille muraille du jardin « pendillent » les giroflées aux fleurs d'or, et, dans un coin à l'écart, un lilas exhale sa douce odeur. En bordure des allées, les fraisiers sont fleuris, et dans les branches d'un vieux poirier, un couple de « cardils » a caché son nid.

Il fait bon, à la vesprée, longer les prés où chante le grillon : où sous l'herbe drue piètent les cailles; où la fléole hausse son épi semblable à une mince fusée d'artifice; où la flouve odorante jette son rustique parfum que l'on met en flacon pour les belles citadines lassées des puantes odeurs du musc et du patchouli. Dans les lieux incultes et vagues, les vieux chemins, les « codercs »; dans les terres et les friches pierreuses, dans les bois, partout, les plantes fleurissent; les herbacées et les ligneuses, les vénéneuses et les innocentes : la jusquiame à la senteur fétide; le myosotis des amoureux; la renoncule âcre, que nous appelons *païtoloubo*, parce que la feuille a quelque rapport avec l'empreinte d'un pied de louve; le millepertuis, criblé de petits trous auxquel il doit son nom; la viorne ou aubier; l'euphorbe des bois au suc dangereux; la grande marguerite, jolie dans la prairie, mais qui fait un détestable fourrage; l'hellébore ou herbe aux « fades », jadis spécifique contre la

folie ; le chèvrefeuille des haies — en notre patois
« chabridou » — la véronique germandrée aux
fleurs bleues en épi; l'églantier qui fournit aux
farceurs le poil à gratter; et tant d'autres espèces
encore.

Au bord des chemins, les haies d'aubépine aux
fleurs blanches, ou roses parfois, embaument, et
leurs fragances charriées à travers pays par le
vent doux, se mêlent aux senteurs balsamiques
des pins. Dans les nuits tièdes aux clartés stellai-
res, des effluves enivrants montent de la terre
fécondée, incitant tous les êtres à aimer, ce pendant que dans le silence nocturne le rossignol
chante.....

. . . .

Chante, rossignol chante,
Toi qui as le cœur gai !

Pour moi je ne l'ai guère,
Mon amant m'a quitté
Pour un bouton de rose
Que lui ai refusé !

Je voudrais que la rose
Fût encore au rosier,
Et puis que le rosier
Fût encore à planter !

Ainsi — ou à peu près — dit une vieille chanson, les regrets d'une fille qui, en cette saison
d'effervescence où le cœur des jeunes pucelles
s'attendrit, eut le courage de refuser à son ami un
bouton de rose symbolique.

Les amoureux pour le bon motif, les futurs
« novis », eux, suivent bien moins les indications
de la nature extérieure que celles des convenances

économiques. Les mariages, sérieusement pour-
pensés, se font principalement au carnaval, temps
de festoiements et de bonne chère : ainsi on fait
d'une pierre deux coups, comme on dit. Une autre
circonstance sert aussi à fixer la date des noces
campagnardes, c'est l'époque où on tue « le cochon », époque qui, selon les maisons et le degré
d'engraissement de l'animal, varie en général de la
Saint-Martin au Mercredi des Cendres. A ce moment, on est riche en victuailles fraîches ou con-
servées ; on a des boudins, des saucisses, des
andouilles pendues aux poutres du plancher, ou
bien du salé dans le saloir et du « confit » dans les
« toupines ». Et puis, l'hiver, les travaux de la
terre pressent moins, on est quelquefois « de
loisir » et on en profite pour se marier, car nos
gens sont très fort ménagers du temps.

En Floréal, on a d'autres chats à fouetter. Au
commencement, les retardataires sèment les carot-
tes fourragères, le sarrazin — dans les cantons du
Périgord qui jouxtent le haut Limousin, — le
chanvre aussi, mais ceux-là sont rares. On ne fait
plus guère dans les maisons ce bon linge solide
dont on ne voyait plus la fin ; il n'y a plus que
quelques anciennes, entêtées des usages d'autrefois, qui en font semer à leur homme. On ense-
mence aussi les dernières avoines, ou « civades »,
et les orges peu communes au pays. Partout dans
les terres il ne se voit que gens au travail. On
sarcle les seigles, les blés froments, les fèves, les
pommes de terre, les « blés rouges » ou maïs, les
haricots, les « jutes », puis, le tout confié à la
bonne terre, on attend la récolte en s'embesognant
à autre chose.

Alors le curé intervient et fait des processions autour des champs pour conjurer ces mauvais *saints de glace* qui gèlent les vignes, et les grêles qui détruisent les récoltes.

Quant aux terribles *Chevaliers :* saint Georges, saint Marc, saint Eutrope et le petit saint Jean, on s'en moque, ils sont passés.

Si l'on processionne ainsi, ce n'est pas que le paysan soit bien religieux, non, il est plutôt païen au fond, et croit superstitieusement à l'influence des astres, à la puissance des sorciers, et surtout au pouvoir de l' « Aversier », cet être mystérieux plus puissant que le Diable et qui, selon certains, serait le maître et dispensateur des pluies. Mais, malgré cela, il est attaché aux vieux usages, aux antiques cérémonies de l'Eglise catholique, et il juge prudent de mettre tous les atouts dans son jeu ; aussi voit-il d'un bon œil le curé prier pour les biens de la terre. « On ne sait pas ! si les prières du capelan ne font pas de bien, elles ne font pas de mal... n'est-ce pas ?... » C'est pourquoi il ne serait pas expédient pour le curé de négliger les Rogations, surtout s'il venait à grêler ! Au reste, l'homme terrien, le principal intéressé, ne suit pas la procession et ne prie pas pour ses récoltes ; ça c'est l'affaire de son prêtre : lui travaille pendant que l'autre lève les bras au ciel comme le défunt Moïse.

Devant, marche le porte-croix, suivi de quelques bonnes femmes anciennes escortant le curé en surplis et bonnet carré, qui, aidé de son marguillier, chante les litanies rituelles avec le refrain sur le mode joyeux :

Te rogamus audi nos !

Dans le ciel bleu, les hirondelles entre-croisent leur vol rapide et accompagnent de leurs petits cris aigus les chants religieux épandus sur la campagne par un léger vent doux qui agite doucement les barbes des coiffes, les brides des bonnets, le surplis du curé, et soulevait aussi ses cheveux longs avant que son évêque l'eût fait tondre à la Jésuite. Tout est en fête; la nature a mis sa robe verte, les insectes susurrent sous l'herbe, et les oiselets pépient dans les buissons. Le long des chemins bordés de murailles de pierres sèches ou de haies d'épine, entre les champs de froment, de seigle, de pommes de terre, de blé d'Espagne, entre les luzernes et les sainfoins fleuris, la procession passe lentement sous un gai soleil qui fait cligner les yeux :

Te rogamus audi nos !

Ainsi, chez les Romains, les prêtres arvales faisaient pendant trois jours des processions autour des champs, pour impétrer des dieux de bonnes récoltes.

A une « cafourche » ou carrefour, se dresse une de ces vieilles croix qui, autre plagiat, ont remplacé les antiques lares compitaliers du paganisme. Des mains pieuses l'ont ornée pour la circonstance, de fleurs, de guirlandes rustiques. En de certaines paroisses, même, on dépose au pied de la croix de champêtres oblations : un gâteau de fine fleur de farine ou des fruits de la terre. Devant cette croix, la procession s'arrête; le prêtre récite des prières et bénit les champs.

Cette croix elle-même est une contrefaçon de celle de Mithra, le Dieu-Soleil, ou plutôt elles sont identiques; car même en admettant la crucifixion de Jésus de Nazareth comme un fait historique indubitable, l'instrument de ce supplice chez les Romains avait la forme d'un T, d'une potence à deux bras où l'on attachait les condamnés, et non celle que les chrétiens lui ont donnée depuis par une habile confusion. Le signe de la croix, d'ailleurs, était un symbole vénéré dès les origines du monde, parce qu'il représentait l'instrument primitif, les deux bâton opposés avec lequel les premiers hommes avaient par le frottement obtenu le feu sauveur.

L'impression ineffaçable produite par ce fait se perpétua par la représentation du signe symbolique qui le rappelait, signe qu'on a retrouvé sur des monnaies frappées bien antérieurement au christianisme, en Grèce, en Chypre, en Gaule ; sur des ornements de dieux païens, sur des monuments préhistoriques de l'âge de la pierre et du bronze ; en Irlande, en Afrique, aux Hébrides, en Chine, dans l'Inde, en Egypte, en Assyrie, en Phénicie, au Mexique, jusqu'à la Nouvelle-Zélande, partout. Les sectateurs de Mithra, qui se le tatouaient sur le front, l'avaient recueilli vraisemblablement dans les traditions de l'humanité naissante et, à leur exemple, les chrétiens l'adoptèrent avec beaucoup d'autres symboles, rites et cérémonies empruntés à la religion mithriaque.

Ainsi, on pourrait saluer philosophiquement la croix, qui a procuré à l'homme sa première et plus précieuse conquête :

Salut, croix génitrice, image symbolique,
Du feu divin ravi par l'homme audacieux,
Au tout-puissant Mithra, qui règne, magnifique,
Au plus profond des vastes cieux !

PRAIRIAL

Dans l'aube embrumée du matin, tandis que les coqs des métairies sonnent la diane champêtre du jour qui va naître, une forme indécise s'entrevoit au milieu des prés mûrs. Est-ce un homme, un saule ou « aubar », comme nous disons, un animal? On ne sait. A distance, et enveloppés de vapeurs terrestres, ses contours flottent et se confondent avec l'ombre de la nuit qui finit. Mais, tout à coup, le bruit sonore et métallique d'une pierre à repasser aiguisant une faux, monte de la combe herbeuse : c'est un faucheur, un vaillant, qui s'est levé avant la « pique du jour ». A peine y voit-il; n'importe. Ayant bien affilé son « dail », dans l'herbe jusqu'au ventre, il crache dans ses mains, se campe les jambes écartées, le corps en avant, et commence à faucher. L'herbe humide de rosée se couche également sur le pré ras tondu, à mesure qu'il avance avec une régularité de mouvements presque mécanique. Pas à pas, il chemine, bien dispos et retrempé des fatigues de la veille par la fraîcheur de la nuit. Arrivé au bout du pré, il se retourne et regarde, satisfait, tous les andains bien alignés; puis il affile sa faux et reprend son travail.

Des fois la lame de la faux, en décrivant sa courbe, rencontre une taupinière qui l'arrête, de manière que l'homme sacre un petit. C'est des jurons variés selon la contrée du Périgord : *Millo*

diòu ! Fils de loubo ! Garciero de talpo ! — ou *taïpo*
— *Lou diable te cràme !* ou d'autres équivalents.
S'étant ainsi soulagé, le faucheur se redresse, tire
la pierre du coffin et, tenant son « dail » par la
pointe, l'aiguise de nouveau, puis se remet à
faucher.

Cependant l'orient blanchit, les étoiles pâlis-
sent, l'ourse céleste s'efface, et bientôt, derrière
l'horizon monte le soleil victorieux des ténèbres.
Le voilà qui déborde à la cime du coteau et s'élève
radieux dans le ciel qui s'enflamme.

Ses rayons boivent la rosée de la nuit, et achèvent de dissiper les brumes déchirées par un petit
vent d'est qui fait frissonner les hautes herbes.
L'homme, ceint de son mouchoir auquel est accro-
ché le coffin, avance toujours à petits pas, lentement, en faisant décrire à sa faux un arc de cercle
marqué par le bruit caractéristique du fer sur
l'herbe serrée. Il fauche tout indifféremment, les
bonnes et les mauvaises plantes, les grandes et les
petites : la pastenade ou carotte sauvage, la folle-
avoine, la flouve parfumée, la petite centaurée, la
consoude, le trèfle ou « trifoulet ». le millefeuille,
la fléole, la marguerite, l'oseille sauvage, la sauge
des prés, la pâquerette, la pimprenelle, le mélilot...
Indifféremment, il couche tout sur la « sole » du
pré, en sorte que sa faux impitoyable est devenue
l'arme emblématique de la Mort qui fauche aveu-
glément les « pâles humains ».

Mais tandis que la camarde jamais ne se lasse,
lui se fatigue à manœuvrer l'outil pesant sous le
soleil qui, maintenant, parvenu au tiers de sa
course, le brûle à travers la chemise de grosse

toile. Comme il est courageux, l'homme persiste encore et, après une courte pose, se remet à l'œuvre. Il presse ses mouvements pour achever la fauchaison de son pré, et enfin, vers les onze heures, donne son dernier coup de « dail ». C'est l'heure du repas; il se redresse péniblement, l'échine courbaturée malgré le bout de ficelle de fouet dont il s'est ceinturé sur la peau pour se garder des maux de reins — moyen infaillible selon d'aucuns — puis, sa faux sur l'épaule, il rentre à la maison. Ayant mangé sa soupe, fait un bon « chabrol » et pris sa pitance, il va dormir pendant que ses parsonniers, hommes et femmes, fourches et râteaux sur l'épaule, s'en vont épandre les andains et faner toutes ces diverses plantes fauchées qui vont se réduire en une seule chose, et se confondre dans la même appellation de : foin.

Arrivés au pré, chacun donne son estime sur le rendement; mais il y a ceci de particulier dans cette évaluation, c'est que la satisfaction de tous, lorsque l'herbe abonde, qu'elle « fait du pilo », est un peu atténuée par un proverbe de mauvais augure pour les autres récoltes :

Annado de fe,
Annado de re!

Une autre chose est singulière aussi. Ce travail des fenaisons, fait en plein air, au milieu des senteurs des herbes coupées, qui parait si sain, peut cependant causer une maladie spéciale, la « fièvre des foins », sorte de coryza aigu qui oblige les malades à quitter le travail, et même quelquefois le pays, à changer d'air pour se guérir d'une oppression terrible et persistante.

La fenaison est moins dure que la fauchaison ; mais pourtant les ardeurs du soleil et les longues journées rendent ce travail pénible, nommément pour les femmes. Les pauvres diablesses, maintenant, jusqu'après la récolte de la Saint-Michel, n'ont guère de repos. Ce n'est plus le temps pour elles d'aller aux foires, tout en faisant leur bas. sous couleur d'acheter du « lien », ou pour un sou d'épingles. De même, leurs hommes n'ont pas trop le loisir d'y aller voir le cours du bétail et chopiner un petit. Aussi, en cette saison et pendant les « métives », les foires ne sont pas suivies comme celles d'hiver ; il n'y a pas autant de « peuple ». C'est pourquoi l'on dit communément que ce sont des « foires de femmes grosses », parce qu'elles ne risquent pas d'y être « pilées » par la foule. Toute la maisonnée, dès à présent, va vivre aux champs, y fera le « merenda » ou collation et ne rentrera à l' « oustal » qu'à « soleil entré » pour souper et dormir.

Le dimanche même, on remue les foins, on les « barge », c'est-à-dire qu'on les met en meules, et on les rentre aussi pour peu que le temps menace.

C'est vrai que de la « prade » on entend, selon la situation, les cailles chanter dans les blés, ou les seigles épiés qui ondulent au vent avec des reflets argentés ; ou bien un merle siffler dans un hallier ; ou encore dans les bois, un mâle de tourterelle roucouler amoureusement, toutes chansons plaisantes pour les citadins ; mais nos gens de campagne n'y prennent garde, pour les avoir de longtemps accoutumées. L'habitude émousse le plaisir comme la douleur.

Il arrive des fois qu'il faut remuer le foin à plusieurs reprises, parce que des « horées » ou averses d'une heure l'ont mouillé avant de le rentrer. Ces contre-temps font jurer les faneurs et récriminer : Alors les anciens disent gravement que, jadis, il y avait un printemps, maintenant non.

C'est que, comme nous, tant que nous sommes, le paysan oublie les mauvais jours passés, heureusement. Ceux qui ont le poil gris se remémorent le printemps d'autrefois à travers les souvenirs de la jeunesse, printemps de la vie.

Oui, nous avons oublié les jours de pluie; nous ne nous rappelons plus que de ces beaux jours où, sous le clair soleil, la nature riait dans sa robe verte; où la sève de vie montait sous l'écorce des arbres et circulait dans les veines des êtres animés.

Nous n'avons plus mémoire que de ces beaux soirs de mai où les vers luisants étoilaient l'herbe de leurs feux phosphorescents; que des « Mois de Marie » dans l'église du village, où nous allions ouïr chanter les litanies de la Vierge, ardente déification de la femme sous le nom de la mère du Christ; de la femme à l'invincible attrait, que les anciennes religions avaient aussi divinisée sous les noms d'Isis, d'Ops tenant les clefs du ciel, de Vénus, de la *virgo paritura* des druides, et d'autres encore.

Oh! ces voix de jeunes filles égrenant les poétiques appellations de la « Reine du Ciel » — nom donné aussi à l'épouse divine d'Osiris — comme elles retentissaient amoureusement au fond de l'être!

Virgo potens. . Causa nostræ lætitiæ... Turris eburnea.,. Regina virginum... Janua cœli... Stella matutina... Rosa mystica.

Devant l'autel embuissonné d'aubépine, fleuri de lilas, de muguet, de véronique; sous les lumières qui hypnotisent, aux parfums de l'encens qui enivrent, quel long frisson de volupté secoue le jouvenceau qui distingue parmi ces douces voix celle de l'aimée!

« O ma rose mystique? O vierge puissante sur mon cœur! O porte du ciel que va m'ouvrir ton amour!

Par Cupidon! C'est à faire perdre la tête à toute cette jeunesse! Aussi, le soir, après l'office, en revenant deux à deux le long du chemin des écoliers, on met les vers luisants dans les cheveux de la bachelette qui se serre doucement près de son ami...

Et les curés en chaire tonnent contre la danse, et, la poutre dans l'œil, rabâchent de vieilles rengaines!

Ainsi faisait celui de *Peiro-Buffiero*, illustré par mon défunt ami Chastanet, le félibre majoral :

> *E cambe n'i a de quelas filhas*
> *Que, poussadas per lou demoun,*
> *An l'argent-viou din lurs chavilhas*
> *Mas qu'auven chabreto ou violoun!*

. . . .

MESSIDOR

Le nom résonne comme un appel de clairon. Messidor!... Et dans un ciel d'apothéose, sous les rais brûlants du soleil solsticial, flambent les visions d'épopée de la grande Révolution!... Messidor!... Et les ancêtres des temps héroïques, les géants des grandes luttes qui nous ont affranchis, apparaissent superbes dans le recul d'un siècle! Chacun son lot : à ces vaillants les faits éclatants, les dévouements mortels et le nimbe radieux de l'histoire! à nous le labeur obscur, l'effort quotidien, et la tâche ardue de faire aboutir la Révolution à une réalité sociale palpable et concrète pour tous...

Au pied du clocher, sur la « cafourche » élargie qui est la place du village, les gens apportent du bois, des fagots, des sarments, et autour d'une grande perche fichée en terre dressent en hauteur le feu de la Saint-Jean. Par dessus les fagots on jette des branches de pin, de genévrier et puis du feuillage de senteur, fenouil et menthastre. A la cime on attache un beau bouquet de lis, de roses, et des herbes « joventes » de la Saint-Jean.

Le soir venu, les grands « droles » brandissent à force la cloche au son grêle, et tout le monde s'assemble sur la place. Alors, à l'heure de l'Angelus, dans le crépuscule qui descend sur la terre, le portail de la vieille église s'ouvre, et le curé, en chape, précédé de son marguillier portant le seau d'eau bénite, s'avance gravement. Devant l'amas de bois, il s'arrête et récite les prières liturgiques.

Ayant achevé, il ferme son livre, asperge le bûcher, et au moyen d'un cierge il l'allume. Puis, tandis que la flamme crépite et darde vers le ciel ses langues pointues, il rentre dans l'église, laissant ses paroissiens farandoler autour du feu rituel.

Ainsi les druides célébraient la fête du solstice, en allumant un feu, image symbolique du soleil.

A cette époque de la Saint-Jean, les fenaisons sont avancées. Il y a même des cantons du Périgord où ceux qui doivent le passage sur leur pré à un voisin enclavé, sont obligés de le livrer ce jour là, qu'ils aient fauché ou non. Puis, comme à la campagne, à peine a-t-on fini un travail qu'un autre se présente ; pendant qu'on achève les foins, les moissons mûrissent. Dans les terres, les blés ondulent en larges vagues et penchent leur tête roussie par le soleil, que la tige a peine à porter.

Çà et là, à travers la forêt de tuyaux, les coquelicots piquent leur note éclatante, tandis que plus discrètement se montrent les pieds-d'alouette et bluets, ou barbeaux, avec lesquels les « drolettes » se tressent des couronnes.

Le paysan, lui, ne voit pas avec plaisir toutes ces fleurs qui font la joie des petites citadines aux champs ; ce sont de mauvaises herbes. Enfin, la récolte est mûre, les moineaux pillards s'abattent par volées sur les épis qui laissent échapper des grains dorés ; les cigales, collées au tronc des arbres, chantent follement ; il est temps de prendre la faucille en main.

Cela presse, car en cette saison, la grêle a tôt fait de tout emporter. Lorsque le temps devient lourd, l'horizon noir, que le tonnerre gronde au loin, que le vent pousse l'orage sur la contrée, le paysan inquiet regarde le ciel et les nuages qui accourent comme une troupe de cavales échevelées. Le voici près. Dans une atmosphère étouffante les blés fauves se courbent sous la tempête, et bientôt, au milieu des éclairs et du fracas de la foudre, la pluie tombe à torrents. Heureux lorsqu'il n'y a que de l'eau, des blés versés, et que la grêle ne moissonne pas en un instant l'espoir du laboureur! Il faut avoir vu la contenance des pauvres gens de campagne, après un ouragan qui emporte leur pain d'une année pour comprendre toute l'étendue de leur malheur.

Pour en sentir l'horreur il faut, après ces sinistres évènements, avoir ouï les lamentations éplorées des femmes, les cris de révolte furieux des hommes, leurs blasphèmes, leurs malédictions; ou bien leurs colères concentrées et leur mutisme farouche, qui accusent également ce « bon Dieu » à qui ils s'étaient confiés, que leur curé avait imploré aux Rogations!

Aussi point de retard. Dès l'aube on se rend au travail, hommes et femmes, manque l'aïeule, la « grande », qui reste à la maison pour faire la soupe et la pitance.

C'est un terrible travail que la moisson. Etre tout le jour plié en deux, la tête en bas, sous le soleil qui brûle l'échine, « crâme » les bras, le cou, et respirer l'air embrasé que la terre renvoie à la figure comme la gueule d'un four, c'est dur, très dur.

Et puis, dans le chaume il y a des herbes
rêches, des chardons qui piquent, en sorte que les
mains cuisent; *co cousino,* comme disent nos gens.
La journée est longue, de quatre heures du matin à
sept heures du soir, et on se demande comment
des hommes pas très bien nourris peuvent y tenir.
Ceux qui travaillent pour eux, passe; mais les
mercenaires! Il y a bien, après le repas de midi,
un repos pendant lequel on se met à plat ventre
au soleil pour éviter le refroidissement des reins
et les douleurs qui s'en suivent; mais qu'est-ce
que cela? Surtout, comment des femmes peuvent-
elles supporter cette fatigue écrasante?

Les pauvres, pourtant, elles y tiennent à force
de vaillance, et ont encore le courage de chanter
pour se donner des forces, de ces vieilles chansons
de moissonneurs aux couplets alternés entre hommes et femmes, comme : *Lou Bouyer de l'aurado,
La parpaillolo* et autres : *Lou Segoun Jour del mey
de maï, Lou rey perde sa filho...*

De ces pauvres femmes, il y en a qui sont
grosses en ces temps de métives, d'autres qui
nourrissent et couchent leur petit enfançon à
l'ombre d'une haie ou d'un « pilo » de gerbes, où
elles vont le faire téter lorsqu'il s'éveille. C'est une
honte que de voir des femmes courbées sous un
aussi pénible labeur, alors que ce pays de France
est plein de grands fainéants d'hommes qui ne font
œuvre de leurs dix doigts en manière quelconque!

Peut-être on dira qu'il en a toujours été ainsi;
sans doute, et çà se voit bien à notre race dégéné-
rée; mais ce n'est pas une raison pour que ces
abus continuent jusqu'à la fin des temps, qui
viendra ne sais quand, ne sais comme. Cela n'est

ni juste, ni équitable. ni humain, ni prudent. Il est difficile de penser de sang-froid à des cruautés sociales telles que celles-ci et le supplice des battaisons infligé aux femmes. La colère fait bouillir le sang, et il faut être solidement persuadé que la violence est mauvaise en soi, pour ne pas souhaiter le chavirement d'une société où de pareilles choses sont possibles, et qui les voit sans s'émouvoir.

De telles iniquités sont rendues plus odieuses encore par le contraste d'un luxe insolent, d'une oisiveté coupable, qui, jusque dans les campagnes, viennent insulter à la pauvreté et narguer la dure vie du paysan. Ainsi, en ce temps des moissons, les routes redevenues belles, les automobiles remisées l'hiver recommencent à écraser le monde. Des terres où ils scient le blé, ce blé qui doit nourrir de sa plus fine fleur les inutiles qui sont légion, les gens voient passer à une allure insensée des otieux malfaisants qui, pour satisfaire leur manie maladive de la vitesse, écrasent sans sourciller des passants paisibles. Lorsqu'ils n'écrasent personne, ces fous alarment les populations par ce danger permanent qui rend maintenant les routes si pleines d'insécurité, notamment dans la traversée des bourgs et des villages. Quel est, non pas seulement l'enfant, le vieillard, l'infirme, mais l'homme valide qui peut se flatter d'être à l'abri d'un accident de ce genre?

Après les lamentables et fréquents exemples de vies humaines sacrifiées insouciamment à une passion stupide, à la vanité idiote de gens fiers de la vitesse de leur machine, comme d'autres des jambes de leurs chevaux, qu'est-ce que les accidents causés aux animaux? Rien. Une poule, une oie, un cochon, une brebis écrasés, volontairement quelquefois, ne sont qu'un sujet de risée pour le riche malfaisant qui s'enfuit. On a vu de ces messieurs pousser l'insolence jusqu'à prendre des animaux pour cible de leurs balles et les tuer en passant!

Il faut convenir que les riches sont bien maladroits et bien imprudents. Au lieu d'user de leurs avantages avec modération, d'atténuer l'éclat de leur luxe, de le rendre moins odieux pour le pauvre, de se faire pardonner leur fortune quelquefois mal acquise, il semble qu'ils s'ingénient, particulièrement les automobilistes, à exaspérer le peuple par leurs insolentes provocations et leur mépris criminel pour la vie d'autrui. Parce qu'ils ont de l'or, ces messieurs se croient tout permis. Passe pour des animaux écrasés : le dommage pourrait se réparer si ces honnêtes gens ne s'empressaient généralement de disparaître après un accident, soit par dédain du croquant, soit par cette ladrerie qui trop souvent accompagne la richesse ; mais les vies humaines, froidement sacrifiées à leur plaisir de fous, qui peut les payer?

Ce que pensent les paysans de ces oisifs qui, n'ayant rien à faire, sont si pressés d'aller, au grand dam des gens et des bêtes, il est aisé de l'imaginer. Aussi ne faudrait-il pas trop s'étonner si, insuffisamment protégés contre les folies irritantes des « gentlemen » chauffeurs, ils songeaient à se protéger eux-mêmes ; ni si, à la suite de quelque mortel accident, une foule exaspérée se faisait sommairement justice par ses mains...

La nature, elle, ne s'affole pas comme les hommes. Pendant que les automobiles écrasent les uns et menacent les autres, immuable dans sa pérennité sereine, elle fait son œuvre, En messidor, les cerises mûrissent, guignes, bigarelles, et on embuissonne les cerisiers pour les défendre des maraudeurs ; opération qui a inspiré ce quolibet gaulois des vieux penards aux filles gentes et frisques, qui ont « les yeux à la perdition de leur âme » :

Pita, chas tu faran bien de te fas emboueyssounas !

THERMIDOR

Tire lire, tire lire lire..... Dès le matin, la gente alouette monte par soubresauts vers le ciel. C'est l'heure d'aller dans les terres : *tire lire lire.....* L'homme prend sa pioche ou son « bigot » et part. *Tire lire lire.....* La petite chanson de l'oiseau gaulois anime la terre au réveil. Au-dessus de la solitude des champs, des sillons, où les toiles d'araignées s'emperlent de la rosée nocturne, la mignonne bestiole monte toujours et force sa voix à mesure qu'elle s'élève. Tant elle monte qu'on la perd de vue sans cesser d'entendre son gai *tire lire lire.....*

Longtemps, elle se soutient dans la nue, saluant le soleil levant. Puis, ayant achevé son hymne joyeux, elle redescend, se laisse brusquement tomber à terre et ne chante plus. Il y a entre ce petit oiseau et l'éléphant ceci de commun, qu'ils semblent avoir quelque religion naturelle. Le pachyderme géant, après ses ablutions matinales, hausse sa trompe vers le soleil comme un bras suppliant, et, immobile, contemple en silence l'astre-dieu. Il semble méditer ou faire une oraison jaculatoire, pour parler le langage dévot.

L'alouette est l'oiseau des champs, dit Michelet; sa petite chanson encourage et soutient le laboureur et lui chante l'espérance. La vérité est moins poétique. Le paysan ne fait guère attention à ce petit être emplumé ; il est trop occupé pour sentir la poésie qui se dégage des êtres et des choses champêtres. Il faut quelque loisir pour goûter cela, et malheureusement le paysan n'en a pas. Il lui manque ce relàche sain qui permet d'échapper un moment au métier, de se cultiver moralement et de se retremper en un bain d'idéal.

Quoi qu'il n'ait pas le temps de penser, de réfléchir, l'homme terrien perd une matinée à faire bénir ses bœufs le jour de la saint Roch. Devant le porche de l'église du village, tous ceux de la paroisse sont rangés, un bouquet au joug, contenant, en quelques régions, un oignon cuit sous la cendre, remède préventif contre la peste bovine, et une pincée de sel dans un petit linge blanc. Alors, le curé vient avec son marguillier, récite son oraison et les bénit. Cela ne les préservera pas de la « cocotte », non plus que les Rogations ne préservent de la grêle et de la gelée, mais la vieille routine est là !

Non, il n'a pas te temps de penser, de réfléchir, si ce n'est à ses affaires, la besogne absorbante le presse. Il faut achever les métives, rentrer les gerbes à la grange, et puis dépiquer le blé. La charrette, lourdement chargée, roule lentement et cahote dans le chemin, tirée par des bœufs accouplés qui roidissent le cou à l'appel de l'aiguillon. L'homme qui les « appelle » a le chef couvert d'un mauvais chapeau de paille grossière ou d'un vieux chapeau de feutre déformé semblable au *pileus* antique. Il est nu-pieds ou en sabots. Un pantalon de droguet ceint ses reins, et sa chemise grossière laisse voir sa poitrine velue brûlée par le soleil. Les moissonneurs suivent la charrette, mal accou-

trés comme lui et, les femmes, jambes nues, vêtues
d'un méchant cotillon avec un madras de coton
noué en fichu sur leur chemise de grosse toile à
coulisse, montrent une figure hâlée sous de laides
« pailloles ».

Le tableau n'est pas classiquement beau comme
celui de Léopold Robert, mais il est plus vrai, et ne
manque pas d'une certaine rude poésie du travail.
Ces figures hâlées, ces bras « crâmés », ces poitri-
nes brûlées, disent les longues journées sous un
soleil implacable, dont chaque rayon, transperçant
la toile de la chemise, pénètre la chair et fait comprendre l'exactitude de la vieille comparaison des
flèches de Phébus-Apollon. Et puis, devant la
grange, la charrette se plante et le bouvier, appuyé
à sa « guilhado », attend. Les bœufs, immobiles,
le « mouchail » sur les yeux, recouverts, en de
certains cantons, d'une couverture de toile forte,
sorte de chape raide, ont alors un aspect hiératique
qui fait penser aux bœufs sacrés de l'antique
Memphis.

Malgré l'introduction des machines à battre
dans certaines contrées plainières du Périgord, on
dépique encore beaucoup au fléau. Cet outil, au
nom symbolique de grande calamité publique, est
dur à manier, et fait des battaisons un travail
aussi pénible que la moisson. Sur le « sol », où
tombe un lourd soleil d'août, il faut manœuvrer
rapidement et avec effort le fléau, en pliant et
redressant activement les reins. Les malheureuses
femmes sont attelées à cet effroyable labeur qui
les écrase. Sur la paille engrainée, les verges des
fléaux s'abattent l'une après l'autre par coups ca-

dencés, pressés, crépitants, et font voler le grain. Les pauvres, il leur faut précipiter le mouvement pour suivre les hommes et arriver en mesure à leur tour sans rencontrer un autre fléau.

Pas un brin d'air; la poussière monte des gerbes épandues dans l'aire, les prend à la gorge et se colle sur leurs jambes nues. Sous la chemise de toile à courtes manches, leurs seins pendent, moites de sueur; et autour de la hampe de l'outil à battre, leurs mains se crispent endolories. Et ce pénible travail dure toute une longue journée; après quoi, les bras grillés par le soleil, la gorge desséchée, les yeux enflammés, les reins courbaturés, elles soupent à la hâte et vont dormir pour recommencer le lendemain.

Et pendant que le paysan, que des vieux, que des femmes, portent le poids du travail, de la chaleur et crèvent à la peine; autour de leurs châteaux, sur les plages à la mode, dans les villes d'eaux, les riches oisifs, des hommes efféminés, promènent leur nonchalance sous une ombrelle qui abrite du soleil leur teint délicat!

Me semblo que m'estripen!

Après tant de sueurs et de peines, il aimerait, le pauvre ahanier, à laver son corps maigre, des souillures du travail hebdomadaire; elles auraient plaisir aussi, les pauvres paysannes, à rafraîchir dans une eau claire leurs membres fatigués par le dur labeur de la semaine. Quelle femme n'aime le bain? La caresse de l'eau les met en joie, et l'excitation se manifeste par des rires et des propos bruyants. Mais quoique ce département soit un des mieux arrosés de France par sept rivières et six cents ruisseaux, sans parler des ruisselets innomés et des étangs, les gens n'ont pas toujours l'eau à leur porte, propre à la baignade. Sur les plateaux, en haut des coteaux, dans les temps de sécheresse, on a juste l'eau pour boire et faire la soupe; et il faut aller loin souvent pour abreuver les bestiaux dans un « lac » à moitié tari et bourbeux. La plupart des ruisseaux n'ont, en été, qu'un faible débit; il faut être riverain d'un gros cours d'eau pour avoir le plaisir salutaire du bain.

C'est le temps où le soleil brûlant fait éclater avec bruit les cosses de genêt qui projettent au loin leurs graines noires. Le long de la rivière, ses rayons, passant à travers le feuillage des vergnes, des aubiers, des peupliers, tremblotent sur les eaux moirées. Les demoiselles, vertes, bleues, au vol saccadé, se posent sur les renoncules d'eau, les aches, et les nénuphars que nous appelons « crêpes » parce que leurs feuilles s'étalent en rond à la surface de l'eau. Sur les rives et la levée des vieux moulins, sur « l'écluse », comme nous disons, fleurissent des saponaires, des iris aux feuilles gladiées, et des salicaires aux belles fleurs pourprées.

Par moments, un cabot ou une perche monte à la surface, happe une chenille tombée d'un vergne dont elle a dentelé le feuillage, et redescend au fond de l'eau. Le cercle formé par le remous va s'élargissant et finit par disparaître : ainsi de nous et de notre action dans le monde. Les hirondelles volent rapides en rasant la nappe verte; un rat d'eau traverse la rivière en laissant après lui un long sillage, et un martin-pêcheur passe d'une rive à l'autre comme une flèche empennée de bleu.

Là-bas, au fond de la gorge, où l'eau coule lentement à l'ombre des rochers et des arbres de la rive, il fait bon se baigner. Dans ce lieu solitaire, nulle indécence à se passer du caleçon ou du maillot qui collent désagréablement à la peau. Il y a une jouissance très vive dans ce retour à la simplicité primitive; c'est une volupté exquise que de nager ainsi et de livrer son corps nu à l'enveloppement de l'eau fraîche et limpide. Il semble qu'on dépouille les misères de la civilisation en même temps que ses habits, et c'est avec bonheur qu'on se retrempe au sein de la nature, qui ne s'effraie pas de voir un de ses enfants dans l'état de nudité où il naquit à la lumière...

Tire lire, lire lire lire... Par toi j'ai commencé ceci, gentille alouette, par toi je le veux finir.

Pauvrette! on te traque à force. Les « nemrods » au miroir te fusillent sans pitié partout. Vers le pays bas, dans les plaines de Bergerac, on te tend des « setons » et on te prend au filet par volées. Tu n'es pas grosse pourtant, et lorsque la cuisinière t'a plumée, que reste-il à manger en toi? Combien faut-il de ces petits corps pour rassasier un goinfre? Pauvres petites! Afin de justifier votre extermination, l'homme, stupide, vous calomnie; il prétend que vous mangez son blé ! Quand vous becquetteriez quelques épis versés, ne les payez-vous au centuple en picorant les mauvaises graines, en détruisant les larves et les insectes !

Celui qui veut tuer son chien le dit enragé; ainsi fait l'homme de toi, innocente bestiole. Prise dans le filet, le sinistre oiseleur te massacre par centaines, froidement, sans compassion. Entre les sillons, où tu caches ton nid au pied d'une touffe d'herbe, dans l'empreinte d'un pied de bœuf, sont tendus des lacets de crin, par milliers; comment y échapperais-tu? Ton petit cou délicat passe dans le nœud coulant et tu te débats convulsivement : ton bec s'ouvre et se ferme avec angoisse, tes plumes se hérissent, un léger frémissement agite ton corps frêle... et c'est fini : plus jamais on n'ouïra ton gai *tire lire lire...*

Et maintenant, si cela peut te consoler, pauvrette, sache que l'homme est aussi féroce pour ses semblables que pour toi.

FRUCTIDOR

Les branches des pruniers pendent lourdement sous le poids des fruits ; les poires juteuses attendent le couteau ; les abricots offrent leur chair parfumée ; les pêches rouges et duvetées comme la joue d'une belle drole de village, appellent les morsures ; et sous la treille, les grappes transparaissent aux rayons du soleil comme des grains d'ambre.

A la vesprée du dimanche, il fait bon pour les amoureux s'en aller dans les chemins creux, infréquentés, les bras noués, les hanches jointes, et, entre deux baisers, cueillir la noisette qui pend dans sa gaine verte.

Mais, dans la semaine, il faut peiner et suer, car la besogne est là, et le soleil est chaud :

Cal que setenbre fonde lou ploum, dit un proverbe ordinairement vérifié.

Les métives finies, à peine les glaneuses ont-elles passé dans le champ moissonné où les perdrix à leur tour cherchent les grains tombés de l'épi, qu'il convient de semer les raves. Saisissant l'à-propos d'une pluie bienfaisante envoyée par le mystérieux « Aversier », l'homme vient avec ses bœufs liés, et laboure les « retoubles ». En même temps que le chaume, son araire ensevelit sous la terre humectée, les coquelicots, les pieds d'alouette, les bleuets, la matricaire inodore, la pastenade ou carotte sauvage, l'ivraie enivrante, appelée «virajo» en patois, le chardon épineux, le thlaspi à l'odeur alliacée, toutes mauvaises herbes qui foisonnent dans les moissons, et même la belle amaranthe, queue de renard à la pourpre vineuse, ornement des jardins rustiques, mais qui, dans les blés, « mange » la terre.

Après cela, il faut faire les dernières coupes de luzerne et les regains, avant de mettre les bêtes aumailles dans les prés. Il faut encore semer les trèfles incarnats, lever la récolte de la St-Michel, haricots, blé d'Espagne, et arracher les pommes de terre.

En ce mois si occupé, il y a pourtant pour certains un petit répit, c'est celui de la « Gerbe-baude », comme qui dirait la belle, la joyeuse gerbe ; ou bien du « Beau-blé » selon quelques-uns.

C'est fête chez les métayers ce jour-là. On mange de la bonne soupe grasse faite avec une poule et un lopin de bœuf ou de velle, selon la région ; puis de la fricassée de poulet, et de la daube, plat obligé en cette occasion. Et pour se revancher de l'eau qu'on a bue toute l'année, surtout pendant les métives et les battaisons, on boit de grands coups de vin.

C'est étonnant comme nos gens de campagne s'accommodent au temps et aux circonstances. Toute l'année ils vivent de peu : de la soupe maigre, des haricots, des pommes de terre, des « millassous », des « miques » et, dans beaucoup de contrées du Périgord, des châtaignes à la saison ; voilà leur menu. Les plus pauvres même se contentent parfois d'une mauvaise soupe et d'une frotte à l'ail. Mais vienne le carnaval ou la « Gerbe-baude »,

c'est étonnant comme ces estomacs si sobres sont
« chabissous »,

Le jour de la belle gerbe, le maître table chez
ses métayers, à moins qu'il ne se croie trop grand
seigneur. C'est le jour où on partage le blé. Après
avoir d'abord retiré la semence, la rente, la rede-
vance du maréchal, celle du marguillier, le reste
est partagé par moitié entre le propriétaire et le
colon.

Le vieil usage, l'antique coutume et la « bail-
lette » font accepter ce partage sans difficulté, mais
non sans regret. Ce beau froment roux comme les
bœufs limousins, qui a donné tant de peine au
métayer, qui a tant coûté à « faire venir »; qu'il a
fallu, après les labours et les hersages, semer, sar-
cler, moissonner et battre; en donner la moitié au
maître qui n'a fait œuvre de ses bras, c'est dur.
Une sorte de rancœur envahit l'homme, et dans
son esprit lent s'agite, obscur et presque incons-
cient, le problème agraire. Dans cette association
léonine du maître et du colon, celui-là fournit la
terre. Le bien est à lui, acheté et payé avec des
écus de provenance honnête ou non, n'importe, ou
bien il lui vient de son père qui le tenait de l'aïeul,
lequel l'avait hérité du bisaïeul... soit.

Mais en remontant dans le passé, le métayer a
la perception vague d'un état social égalitaire où
tous avaient part au sol; où les fruits de la terre
appartenaient sans partage à l'occupant, au travailleur.

Et ayant ensaché le blé, aidé de son monde, il
le charge sur la charrette et, lentement, comme à
regret, traînant ses sabots sur les pierres du che-

min, il appelle les bœufs et va serrer ce blé dans les greniers du maître. Sa figure impassible, bronzée comme un vieux sou, ne laisse rien paraître de ses sentiments. Il y a si longtemps que la race est courbée sous la loi du plus fort, qu'elle y a gagné une sorte de résignation fataliste...

Ha! ha! et l'homme se retourne machinalement pour exciter les bœufs, de l'aiguillon.

Elle a passé par l'esclavage antique, le servage, la main-morte, le colonage, toujours écrasée par la force brutale, puis la loi du vainqueur, et aujourd'hui par la puissance de l'argent. Au maître barbare, au dur conquérant, au bandit féodal, au gentilhomme exacteur, a succédé le propriétaire, noble ou bourgeois, qui a pour lui la loi, les juges et les gendarmes.

Dans le bon vieux temps tous se moquent du pauvre paysan et tournent ses misères en dérision; les trouvères et les légistes comme les seigneurs, et le clergé qui l'exhorte à la patience et à la résignation. Rutebeuf lui ôte même l'espérance illusoire de la récompense céleste que lui promettent les prêtres : L'enfer dans ce monde et dans l'autre, dit-il, tel est le lot que Dieu leur réserve ; il se gardera bien d'accorder à telle canaille une place dans son paradis.

De nos jours il en va de même à peu près, Comme disait Paul Froment, le gentil poète « bailet », de Floressas en Quercy.

Aques qui soun din la grandou,
Ritches e fegnans que jouisson
As paures paisans escupisson,
En passan cridarian : — Oulou!

Aussi parfois le désespoir le saisit. « Mettons tout en la main du Diable », — disaient les pauvres ahaniers révoltés du quinzième siècle, — « faisons du pis que nous pourrons ; aussi bien ne nous peut-on que tuer ou que pendre ».

Le pauvre Jacques-sans-terre d'à présent, lui, ne se donne plus au Diable auquel il ne croit que mollement, par tradition et sur la foi de son curé. Il faut bien dire aussi que s'il est toujours misérable par comparaison, il ne meurt plus de faim aiguë comme autrefois, mais seulement quelquefois de faim lente, épuisé avant le temps par une alimentation insuffisante à réparer les fatigues du travail.

Mais s'il ne se donne plus au diable, le vieux compère des prêtres, il commence à se lasser de mourir même de faim lente seulement, et demande une tourte plus grosse. En Périgord, pays de colonage, le métayer besogneux s'efforce d'échapper à la glèbe marâtre où le sort l'attacha. Les garçons devenus grands désertent la métairie, s'en vont au loin, se font ouvriers, manœuvres, cheminaux, et les filles se « logent » comme elles disent, servantes à la campagne ou chambrières en ville.

Le père, resté seul avec sa femme, se crève à travailler le domaine tant bien que mal, mal plutôt que bien, jusqu'au jour où il est renvoyé par le maître comme « pas assez fort ».

Il erre alors de métairie en métairie, des médiocres au plus mauvaises, à celles qui ne nourrissent pas leur homme ; n'y séjournant pas plus d'un an, toujours renvoyé, laissant des dettes, jusqu'au jour où épuisé par l'âge, la fatigue, la maladie, la misère, il ne trouve plus de domaine et meurt dans quelque cabane, dans un séchoir à châtaignes où on l'a laissé se loger par charité.

Voilà le sort de beaucoup de pauvres gens. Il en est qui échappent à cette misérable condition à la faveur d'heureuses circonstances ; mais ils sont rares les métayers qui accèdent à la propriété.

Pourtant, c'est la propriété seule qui peut donner le courage de supporter gaiement les fatigues du travail agricole ; c'est elle qui procure au paysan la joie intense, inconnue au citadin propriétaire, d'enfoncer son sabot dans sa terre à lui ; qui le fait jouir par tous les sens en voyant cette terre, fertilisée par son labeur obstiné, se couvrir de récoltes et donner du « revenu » comme il dit.

Cette passion de l'homme terrien est jalouse comme toutes les grandes passions. Elle dépasse le pur intérêt ; il y a quelque chose de plus : un amour intrinsèque, une sorte de mariage, où la terre fécondée lui tient au cœur et aux sens comme une belle femme prolifique. Aussi, le paysan propriétaire ménage sa terre et se garde bien de l'épuiser. Les expériences hasardeuses ne lui disent rien de bon. Pour adopter de nouvelles cultures, il lui faut des leçons de choses répétées de quelques hardis innovateurs.

La pomme de terre fut introduite en Périgord vers 1771, bienfait compensateur de Marguerite Bertin, demoiselle de Bellisle, sœur du ministre Bertin, protecteur et complice des brigands du Pacte de famine. Eh bien, plus de trente ans après, en l'an XII, Guillaume Delfau constatait officiellement que la culture en était peu répandue.

Le maïs, appelé ailleurs blé de Turquie, chez nous blé d'Espagne, et par le paysan *blad rouge*, ou *bigarrouey*, fut importé d'Espagne par le Bigorre au XVIIe siècle ; et, de même que pour la pomme de terre, la culture s'en généralisa très lentement dans notre pays de trantran.

Si le paysan périgordin, en général, répugne aux nouveautés agricoles, le métayer, lui, y est encore plus réfractaire, en raison de son instabilité. Une faible augmentation de récolte éventuelle qui ne changerait pas sa condition ne le fait pas sortir de sa routine ; et, au surplus, il se désintéresse des améliorations durables dont il ne profitera pas. Alors que le paysan maître du sol vit en communion étroite et constante avec la même terre, dans un vrai mariage, le métayer n'a avec elle que des rapports passagers, quelque chose comme une fornication terrienne...

La destinée de celui-ci est d'être errant de domaine en domaine, pauvre toujours, misérable souvent. Cette désolante instabilité le lasse, cette incertitude du lendemain le dégoûte. Les changements de métairie ont lieu ordinairement à la Saint-Jean et à la Saint-Michel, selon les contrées. Rien de plus triste que ces déménagements où se montre à nu la misère de ces pauvres gens. Sur la charrette sont entassées leurs pauvres affaires : vieux châlits, table, bancs, maie, méchant cabinet piqué des vers, paillasses rapiécées, quelques ustensiles de ménage et de mauvaises hardes : le tout ne vaut pas vingt pistoles.

Voilà toute la richesse de cette famille. Ils sont métayers de père en fils depuis ne sais quand.

Tous à leur tour ont travaillé, peiné, ahané, des siècles peut-être, sans arriver à la propriété, empêchés par la loi du plus fort : comme leurs pères, il leur faut vivre et mourir errants et misérables.

Et l'homme s'en va devant appelant les bœufs : ha ! ha ! tandis que femme et enfants suivent avec cette morne résignation que donne au pauvre paysan périgordin l'habitude du malheur.

VENDÉMIAIRE

Dans les villages campés sur les coteaux pierreux, on entend le menuisier rustique radouber
les barriques. Après en avoir défoncé quelques-
unes par un bout pour porter la vendange au
cuvier, il les répare toutes, remplace les cercles
cassés, change les vîmes rompus et calfate les
fentes avec du chanvre et de la pâte de farine
délayée à froid.

Ses instruments sont peu nombreux : une
erminette, un coin de bois et son couteau. Avec
quelle adresse il fend l'osier en trois, un brin dans
chaque main, le troisième dans la bouche! Et
lorsque le cercle est lié à la juste mesure, ce ton-
nelier d'occasion le chasse sur la barrique avec le
coin et la tête de l'erminette en guise de maillet. A
mesure qu'il fait le tour à petit pas, chaque coup
sonore s'entend au loin : pan... pan... pan...

Maintenant, dans le ruisseau, ou le « lac » voisin, les barriques gonflent, et au premier jour on
vendangera. Après l'antique ban de moisson, le
ban de vendange a été enfin aboli : chacun commence à son heure, selon la maturité; en général
plus tôt que plus tard : on ne sait ce qui peut
arriver. Puis les chiens des villages mangent les
raisins; et on se méfie aussi un peu des nocturnes
larrons, malgré le vieux proverbe :

La paù gardo las vinhas.

C'est un plaisir que de vendanger par un beau soleil, lorsqu'on est jeune, sain et amoureux.

Ordinairement, des amis, des voisines et quelquefois des parents citadins conviés, se joignent à la famille comme en une partie joyeuse. On se groupe selon les convenances ou les sympathies, et les galants s'arrangent toujours pour être près de leur mie.

On babille en suivant les ceps tordus, et à l'ombre des chapeaux de paille les joues animées des vendangeuses semblent de ces « percés » ou halleberges, qu'on trouve pendant aux arbres grêles, çà et là dans les vignes.

La charrette a porté les barriques et les comportes dans un coin, près de la cabane de pierre sur laquelle s'étend un figuier difforme.

A l'ombre d'un sorbier ou d'un cerisier, les fûts sont mis à terre debout pour recevoir la vendange. Celui qui « boule », armé d'une branche de châtaignier fourchue à trois dents, écrase dans une comporte le raisin que les vendangeurs apportent à pleins paniers.

Autour, les mouches bourdonnent et, dans les barriques pleines jusqu'au jable de vendange qui commence à fermenter, les guêpes au corselet d'or se gorgent de moût. Il y a dans ces tableaux comme une réminiscence des temps antiques. Le bouleur lui-même, les bras nus, rouges du sang de la grappe, semble un dieu des vendanges rustique.

Lorsque vient l'heure de repaître, on s'assied par terre à l'abri du soleil, chacun son couteau de poche à la main, et on coupe de bons « croustets » à la tourte enfarinée. Avec ce pain savoureux, on mange une omelette, du fromage de chèvre, des

noix fraîches, ou une belle grappe de « pied de
perdrix », ainsi appelé de ses pédicelles rouges.
Puis, de la maison, la ménagère a porté encore un
« millassou » de blé d'Espagne, ou des crêpes de
pure farine de froment, que l'on roule avec du
miel, à mode de sucre râpé.

Des grandes pintes ou des pichets de bois, le
vin tenu au frais coule en moussant dans les gobe-
lets, et réjouit les vendangeurs qui se renvoient
comme une paume de joyeux propos. Les vieux
parlent de la vinée, de la qualité ; les garçons d'âge
rient avec les filles, et les petits droles se dispu-
tent pour un hérisson trouvé dans une haie.

Le soir, on revient gaiement souper à l' « oustal », en suivant la charrette qui emporte à la cuve
les dernières barriques de vendange : les invités
avec un panier de raisin pour leur salaire.

Ainsi se faisaient les vendanges autrefois, lorsque la vigne en sa verte vigueur, sur nos puys
rocailleux, produisait du raisin sans fumier ni
guère de travail qu'un fouissage, et -- pas toujours
— un binage. Aujourd'hui il n'en est plus ainsi ;
nos vieilles souches indigènes sont mortes, et les
plants nouveaux veulent de bons terrains, des
engrais, des piquetages, des sulfatages, et quatre
ou cinq façons.

Pourquoi donc se réjouirait-on tant? La vigne
ne fait que payer, souvent bien maigrement, toutes les fatigues que le paysan a endurées pour lui
faire produire du fruit. Aussi les vendanges ne
sont-elles plus aussi joyeuses que jadis.

La vendange toute en cuve, on la laisse bouillir et, dans la dizaine, plus ou moins, on foule et
on « écoule ».

Le sale Automne aux cuves va foulant,
Le raisin gras dessoubs la pied coulant.

Comme dit La Boétie. Pendant la cuvaison il y a de vieux superstitieux qui interdisent aux femmes l'entrée du « cuvier », dans la croyance que si elles avaient leurs ordinaires, le vin se gâterait. Au moins avant de les y laisser entrer, leur demandent-ils sévèrement :

— Etes-vous dignes d'entrer dans mon cuvier?

Jadis en Guyenne, la cour du Parlement réglait ses vacances sur l'époque des vendanges, et les bourgeois urbains allaient à leur maison des champs pour y assister. Aujourd'hui, ceux-ci s'en désintéressent, si ce n'est pour le produit. Les plaisirs champêtres ne sont plus de bon ton. Les eaux à la mode, les plages en renom, fréquentées par les oisieux et les rastaquouères, attirent ces fils ingrats du comptoir ou de la glèbe. Ils vont dans les casinos retrouver le jeu des cercles et les artistes des théâtres, tandis que, poupées mondaines, leurs femmes coquettent à bon escient.

Le paysan lui-même — au moins quelques jeunes — commence à faire fi des plaisirs simples et peu coûteux d'autrefois. Il dédaigne les amusements rustiques et les fêtes des récoltes. Les frairies des villages, les noces campagnardes et les bals à « chabrette » ne lui suffisent plus.

Il va aux grandes foires urbaines, aux expositions voisines, aux concours, et même parfois aux courses. La facilité des communications favorise ces déplacements qui, en faisant passer sous ses yeux des apparences trompeuses, finissent quelquefois par le dégoûter de la terre.

Alors, chez ce néo-paysan perverti par « l'air empoisonné des villes », comme disait Jean-Jacques, plus d'affection pour le sol natal qui s'industrialise et n'est plus pour lui qu'un outil producteur. Cet amour profond de ses anciens pour la terre tant de fois piochée, bêchée, fouie, labourée, retournée motte par motte ; pour la terre nourricière qui fait vivre la famille depuis si longtemps ; cet amour viril et sain lui est inconnu.

Il ignore la passion jalouse de son père pour tel champ convoité pendant vingt ans, acquis au moyen d'économies empilées sou par sou, et d'autant plus aimé qu'il coûta plus de privations longtemps accumulées... Ainsi disposé, s'il a peu de raison, ce paysan vend son bien et part. Que faire à cela ?

L'homme est ainsi bâti qu'il sent vivement les inconvénients de ce qu'il a, tandis qu'il voit exclusivement les avantages de ce qu'il n'a pas. Mais la réaction se fera. Après cet exode du paysan vers les villes, viendra le temps où les mercerots, les petits employés à casquette, et les ouvriers d'origine rurale, dégoûtés de la sujétion de l'emploi, de la discipline de l'atelier, des misères de la mévente, du chômage, et anémiés par une vie antihygiénique, aspireront à revenir aux champs désertés par eux ou leurs pères. Ils envieront les gros sabots, le labeur à soi seul sous le clair soleil, l'air pur, la nourriture frugale mais saine, la maison rustique où la famille vit seule, et la liberté qui est le sel du travail.

Pour ces émigrants volontaire, il n'y a qu'à attendre la désillusion ; mais à côté de ces imprudents, il y a ceux que la malechance poursuit, que des malheurs immérités accablent ; les victimes des fléaux de la nature ou de la férocité de l'homme. Le petit propriétaire paysan qui doit quelques cent pistoles sur son bien, si la gelée, la grêle, la ravine, ou la sécheresse, lui enlèvent sa récolte, le voilà dans une mauvaise posture. Quant à lui, il vivra mal, très mal, sans se plaindre : il y a été habitué. Mais le créancier est là qui veut le pacte convenu, ou tout au moins les intérêts, que le malheureux est dans l'impossibilité de payer.

Si, comme il arrive souvent, il y a une série de vaches maigres, l'homme est perdu sans ressource. Sa dette fait la boule de neige ; il la voit grossir d'année en année, et bientôt il est noyé par l'hypothèque qui monte, monte toujours. Alors les poursuites commencent, puis vient l'expropriation à grands frais, frustatoires souvent, et l'éviction de la famille du petit bien qui la nourrissait, de la maisonnette qui l'abritait : père, mère, enfants s'en vont... où ?

Quelques-uns se font journaliers, manœuvres, domestiques de terre et vivent misérablement. Les vieux et les petits droles prennent le bissac ; les plus forts s'en vont dans les villes et parfois disparaissent dans les remous des bas-fonds de la société.

Il en est aussi qui, recrutés par des agences, émigrent au-delà de l'Atlantique. Sur les quais des ports, on les voit assis sur leurs pauvres bagages, attendre le départ du bateau. La mère, morne et triste, allaite un enfançon à sa mamelle pendante. Les autres petits sont là, regardant, ébaubis, le mouvement de la rade, tandis que le père, sombre, muet, désespéré, debout près du groupe familial, regarde au loin les flots comme pour interroger le destin. Lamentable tableau que celui de ces malheureux rongés par l'hypothèque, futures victimes de l'acclimatation. Sur les visages hâlés des parents, on voit passer les pensées douloureuses qui les assiègent : les regrets du sol natal, l'effroi de l'avenir et de l'inconnu ; pensées angoisseuses mêlées de haine pour une patrie ingrate qui refuse un champ au travailleur, tandis que la bourgeoisie tripoteuse et absentéiste accapare le sol par la spéculation et l'usure...

Et l'on s'étonne de la dépopulation ! Qu'on livre la terre au paysan mercenaire et les campagnes se repeupleront.

En attendant une loi sur l'expropriation pour cause de *nécessité* publique, il faudrait, dès demain, que la maison du paysan, son jardin, et un petit enclos, constitués insaisissables, fussent soustraits à l'hypothèque par la loi.

Ainsi à l'abri des requins de la finance et de la chicane, la famille, les petits enfants, auraient toujours une demeure à eux.

Chez nous, la race terrienne est si vaillante, que, solidement plantés sur leur peu de terre, comme nos chênes, ceux qui auraient été malheureux se relèveraient ; et on ne verrait pas de pauvres gens qui ne demandent qu'à travailler, jetés hors de chez eux, augmenter le nombre des vagabonds, souventes fois crever de faim, ou mal tourner par la misère...

> *Nécessité faict gens mesprendre,*
> *Et faim saillir le loup des boys.*

BRUMAIRE

Dans la brume épaisse du matin, le laboureur pousse ses bœufs lents sur le sillon droit. On ne le voit pas, on entend seulement ses excitations câlines ou colères parfois : « *Ane Chabrau... Ha! ha! Rouge! Fauve!* » Cela produit une impression étrange, cet attelage invisible et cette voix d'homme, assourdie par le brouillard, qui semble venir on ne sait d'où, comme la voix inconnue qui annonça la mort du grand Pan au pilote Thamous.

Cependant, peu à peu, la brume devient moins opaque, et encore voilés d'une légère buée, l'homme et les bœufs à la charrue s'entrevoient vaguement en des contours indécis, comme une apparition rustique sortant du tréfonds de la terre. Puis, vers la dixième heure, le soleil montant dans le ciel achève de fondre les brouées laiteuses, et les bœufs roux accouplés au joug se voient nettement, soufflant dans l'air encore frais une vapeur épaisse par leurs naseaux dilatés. Leur mufle humide luit; et leur cou tendu sous l'effort tire l'araire au coutre luisant, qui s'avance lentement, fendant la terre en amour, et laissant derrière elle les poules de la borderie cherchant les vers dans les mottes retournées.

Au bout du champ l'homme arrête ses bœufs le nez à la haie et les laisse souffler. Lui, soulève l'araire, et de la douille aplatie de son aiguillon, cure le soc et l'oreille, de la terre adhérente.

Ayant fait, il se campe, regarde en arrière les sillons fumants et semble supputer le rendement futur... Puis il crache dans ses mains, empoigne le mancheron, commande ses bœufs à virer et recommence une autre raie.

Dans l'après-midi, la terre étant bien émottée, l'homme sème son blé. A même le panier passé dans la saignée du bras gauche, il prend la semence chaulée, et avançant d'un mouvement presque mécanique, il lance le grain en fauchant, d'un jet brusque et mesuré. Derrière lui, les autres de la maison, femmes et tout, achèvent d'ameublir la terre avec la pioche et recouvrent les grains à l'ancienne mode, ou bien la herse traînée par les bœufs l'ensevelit. Toute cette semence tombe en bonne terre, bien fumée, et pourtant, malgré l'Ecriture, ne lèvera pas toute.

Les insectes, les rats des champs et les oiseaux de l'air en mangeront une partie. Le paysan le sait, mais cela ne l'arrête pas. Conformément au vieux dicton : « *Il ne faut pas laisser de semer pour la crainte des pigeons.* » Il continue d'un pas régulier et avance toujours. Quelquefois, au coucher du soleil, en haut du champ qui commence à s'embrumer, le chasseur rentrant au logis, voit se détacher sur l'horizon d'étain obscurci :

Le geste auguste du semeur.

Ainsi de la Saint-Michel à la Sainte-Catherine, se sèment chez nous le blé froment, le seigle, les avoines d'hiver ; et ça et là quelques champs d'escourgeon ou orge. Autrefois on en semait beaucoup plus. C'est que la culure s'est fort modifiée en ce ce pays. Le panis jadis très estimé des Périgordins, qui en faisaient des gâteaux et des tourtes, ou le mangeaient avec du lait ou du bouillon, est abandonné aux canaris et aux « cardils » qu'on tient en cage. On ne sème plus guère non plus l'épeautre, le millet, la garraube, souvent mentionnés dans les anciennes « baillettes » à colonage.

Les semailles faites, les gens s'en vout ramasser les châtaignes et les noix. Le vent secoue les arbres et achève de faire tomber les bogues éclatées comme des grenades. Avec une petite branche fourchue, hommes et femmes cherchent sous les feuilles et dans la « palène » desséchée. Mais aussi bien qu'ils fassent, il restera toujours quelque châtaigne qu'un rat emportera dans sa cachette, ou qu'un lièvre rongera cet hiver : il faut bien que tout le monde vive. Les noix tombent moins facilement; un homme doit monter sur l'arbre et les gauler.

A cette heure, les feuilles des bois ont pris des teintes variées selon la nature des essences. Dans les grands taillis qui moutonnent au loin sur les coteaux, le feuillage couleur de tan des chênes, se mêle aux feuilles jaunes des châtaigniers, au roux bistré et au bronze rouillé d'autres espèces. Avec des restes de verdure terne, ces tons divers se fondent dans les massifs lointains, en ces belles couleurs amorties des bois à l'automne, sur lesquelles éclate par endroits la pourpre cramoisie des cerisiers sauvages.

C'est le temps des grandes tempêtes de l'équinoxe d'automne. Après les premières gelées blanches, les feuilles mortes fouettées par le vent, battues par la pluie cinglante, tombent des arbres en papillonnant et roulent sur les chemins; ou bien, enlevées par une rafale, tourbillonnent comme un vol de sansonnets emportés par la bourrasque.

Le soir, dans les sentiers, les flaques d'eau semblent des miroirs d'acier bruni qui s'étoilent sous le sabot du paysan rentrant au logis. Au ciel, mantelé de noir, passent, chassées par le vent d'ouest, de grosses nuées accourues du golfe de Gascogne. Les pies criardes luttent et s'élèvent contre le vent pour gagner leur enjuchoir nocturne, ce pendant que parfois en haut, des grues rangées en un angle aigu, passent en battant lourdement l'air de leurs ailes.

C'est le temps de la « chasse volante ». Le soir, après souper, au coin de l'âtre, tandis que le vent s'engouffre dans la cheminée, on entend passer dans la nuit des clameurs étranges. Les superstitieux y reconnaissent et distinguent les abois des chiens, le hennissement des chevaux, le claquement des fouets et les huées des chasseurs. Il y a même des vieux qui assurent gravement avoir vu « une fois » la « Dame » qui galope dans le ciel toujours en tête de la chasse, escortée par deux dogues géants. Et, le lendemain, si quelqu'un trouve une terre piétinée ou le regain d'un pré foulé par une bande d'oies sauvages qui ont gîté là, c'est que la « chasse-volante » est descendue en cet endroit.

Mais soudain, les pluies cessent, les ouragans s'apaisent, une accalmie se produit. C'est l'été de la Saint-Martin, dernier sourire de la nature au déclin de l'année.

Après les pluies et les froidures humides, cette arrière-saison a des douceurs exquises. Ce n'est

plus la grâce fleurie du renouveau ni l'exubérance
de vie de la terre couverte de moissons ou de pam-
pres, mais le charme discret et mélancolique des
choses qui vont mourir. Le soleil décroissant dans
sa course céleste réjouit sans brûler, éclaire sans
aveugler. L'air est frais et doux, la terre fume
légèrement, et au lieu du bleu cru du ciel, et des
torrents de cette implacable lumière du solstice
d'été, des vapeurs diaphanes atténuent les lignes
des cimes boisées, les arêtes des coteaux dénudés,
et les fondent sur l'horizon incertain, avec un ciel
d'un bleu d'opale.

Il fait bon alors humer les fragances sylvestres,
s'en aller au hasard sur les sentiers des bois tapis-
sés de feuilles mortes qui bruissent légèrement
sous le pied. De fleurs il n'y en a plus. Pourtant
quelquefois, dans un coin ensoleillé, la petite
pâquerette dresse sa gentille collerette dans l'herbe
courte.

Mais cette époque des promenades méditatives
et des contemplations de couchers de soleil enflammés, est aussi celle qui ramène les joies plus pro-
saïques du boudin grillé.

C'est le commencement de la saison des égor-
gements de cochons qui se prolonge jusqu'au
carnaval. *Pour chaque porc vient la Saint-Martin,*
dit le proverbe. Dans le village on se dit : « chez
Piarril tuent le cochon ». La veille on ne lui a pas
donné sa « baquade », et le matin même on a mis
au feu une grande marmite d'eau pour l'ébouillan-
ter. Un banc large et bas est dressé dans la cour
ou sur le chemin. Les voisins qui seront payés de
leur peine en « gogues » ou boudins, sont venus

donner un coup de main ; et, en arrière, des droles attendent curieux.

Tout étant prêt, le maître va ouvrir l'étable et appelle le cochon. Il sort péniblement, croyant trouver son auge pleine ; mais soudain il s'arrête, méfiant, en voyant tout ce monde. L'homme lui jette quelques grains de blé d'Espagne, et avec des paroles câlines cherche en vain à le faire approcher de ce banc qui lui paraît suspect. Pendant qu'il hésite, un des voisins lui saisit traîtreusement une patte de derrière ; — un futur jambon — deux autres lui empoignent les oreilles, un quatrième entortille une corde autour du groin, un cinquième le prend par la queue et tous l'entraînent vers le banc fatal.

Ce pauvre diable qui comprend lors de quoi il s'agit, renacle, pousse des cris perçants qui troublent dans leur étable ses congénères voisins, et s'efforce inutilement de résister. Hissé et couché sur le banc malgré ses efforts, il redouble ses grouinements aigus et désespérés pendant qu'on lui introduit dans la bouche un manche de pelle à feu pour le langueyer. Point de boutons de ladrerie ? Son affaire est claire. Le boucher ou l'amateur qui en fait l'office, de son grand coutelas rase les soies de la gorge, puis, ayant bien calculé la direction, enfonce le couteau. Le sang jaillit en un jet écumeux reçu par la ménagère dans un bassin de cuivre où elle le remue avec la main.

Quelquefois, d'aucunes, plus sensibles, ne pouvant se résoudre à voir égorger cet animal qu'elles ont élevé, soigné, gratté de leurs ongles sur l'échine, se font remplacer par une voisine — à charge de revanche.

Pendant que le sang gicle dans le bassin, l'animal continue à crier désespérément. Mais bientôt ses cris s'affaiblissent progressivement, et bientôt cessent avec un dernier jet de sang par un soupir rauque : il est mort. Heureux lorsqu'il n'a pas été « épaulé » par un opérateur inexpérimenté qui aura prolongé ses souffrances !

Alors, le corps arrosé d'eau bouillante, ou grillé avec des brandons de paille dans certains cantons, est ensuite raclé avec des couteaux par les assistants qui font des supputations sur l'épaisseur du lard et le poids de la bête.

Le cadavre étant bien raclé, bien pelé, bien propre, on le porte dans « l'en-bas » où il est suspendu à une poutre du plancher par les tendons des pieds de derrière ; après quoi on l'éventre et on enlève les boyaux et la fressure.

Et demain, lorsqu'il sera froid, on le dépècera et on fera du boudin, des andouilles, et autres cochonailles.

Ceux de la maison auront leur provision de graisse, de lard et de salé. Mais à côté de ces riches, combien de malheureux ne peuvent ainsi faire et n'ont pas de graisse pour leur soupe ! Entre ces extrêmes, il y a de moyennes petites gens qui s'associent, pour — selon leur pittoresque expression — « tuer la moitié d'un cochon ».

FRIMAIRE

La bise aigre souffle et fait frissonner avec un bruit crépitant les feuilles rousses des chênes, qui persistent jusqu'au printemps. De fleurs, il n'y en a plus, fors dans quelque clairière de bois pierreux, l'hellébore noir ou Rose de Noël. Le temps est gris, la terre gelée, les herbes mortes. Les brindilles, les branchettes, sont enveloppées d'une poussière de petits cristaux brillants ; et les pommiers, à la tête ronde, semblent, sous le givre, des marquis de l'ancien régime poudrés à frimas. Les oiseaux quittent les bois et la campagne solitaire pour les enclos, les jardins et les vergers. Pinsons, mésanges, chardonnerets, rouges-gorges, se réfugient autour des habitations; et le roitelet vient fureter dans les trous de murailles et les fagottières des cours. Les merles ne trouvant plus de sorbes blettes, ni d'alises à l'arbre, viennent picorer sur les haies, les prunelles de buisson, les baies de sureau, et les mûres oubliées par les droles du village.

Quelquefois, de la crête d'un côteau, le chasseur entend un bruit léger et continu comme celui d'une eau qui coule sur le sable. Lors, jetant les yeux au fond du vallon, il voit une colonne profonde et serrée d'étourneaux au plumage sombre, qui émigrent vers d'autres climats, et passent, passent pendant des heures, avec un monotone bruissement d'ailes d'oiseaux innumérables.

Et pendant que ces derniers migrateurs nous quittent, vient la sauvagine : sarcelles, poules d'eau et canards de toutes les espèces qui s'abattent sur les rivières, les ruisseaux et les étangs.

Un pâle soleil d'hiver perce à peine les vapeurs terrestres et apparaît comme à travers un immense écran. Il semble avoir à peine la force de s'élever sur sa route céleste : Ses rayons sans chaleur, impuissants à réchauffer la terre et les êtres, sont le dernier regard de l'astre-dieu qui se meurt pour renaître à la Noël.

Et lorsqu'il est tombé sous l'horizon, il semble que tout défaille dans la nature. Un crépuscule blafard descend, rapide, et enveloppe la campagne d'une ombre triste qui, en s'épaississant progressivement, fait peu à peu disparaître les choses extérieures et enfin les plonge dans la nuit.

Alors le « calel » s'allume dans la maison du paysan, et la famille soupe, maigrement. Puis, comme c'est le temps où, dans la veillée, on « énoise », des voisins viennent aider, garçons, filles, bonnes femmes anciennes : et, autour de la table, le bruit des maillets se mêle aux histoires de revenants, et aux rires des filles embrassées par le galant qui leur fait passer le « cacalou ».

Dans la journée, le paysan fait de petits travaux de saison ; il cure les rigoles des prés, coupe des fagots, émonde les haies, ébranche les arbres et balaie la feuille des bois pour faire « paillade » au bétail.

L'homme a emporté son fusil et l'a caché dans le creux d'un châtaignier. Après avoir fait de grands « pilos » de feuilles, avisant le moment où nul ne peut le voir, surtout un bourgeois chasseur, il quête « le lièvre ».

D'anciens gîtes, des laissées dans une terre autour d'un petit arbre ou sur une pierre, une châtaigne à demi-rongée dans un bois, lui ont appris qu'un lièvre est dans ce « renvers », comme il dit. Selon le vent, le temps, l'exposition, il se met en chasse de tel côté. Lentement il avance, regarde autour de lui, s'arrête, puis repart. Son œil perçant pénètre sous les bruyères, parmi les herbes sèches, et distingue un lièvre gîté entre deux grosses mottes dans les guérets, ou rasé dans les « retoubles » en jachère. Lorsqu'il l'a découvert, il se rapproche peu à peu en tirant des bordées, feignant d'aller d'un autre côté. Si l'animal tient le gîte, il lui tape un coup de fusil droit derrière la tête, pour ne pas le gâter, le ramasse et s'en retourne à son ouvrage. Lorsque le lièvre se lève devant lui à portée, son affaire est bonne.

Avec ce mauvais fusil simple à long canon, dont la crosse a été raccommodée par le maréchal au moyen d'une bande de fer, il ne manque guère son coup. Le soir, il revient tard, qu'on ne le voie, avec son gibier sous sa veste ou dans un faix de bruyère. Celui-ci, c'est l'homme prudent, qui vise avec le lièvre une pièce de cent sous qui lui servira bien.

Mais il y en a d'autres qui, sans dédaigner le gain, vont à la chasse expressément pour le plaisir. Ceux-là ont la chose dans le sang, c'est une passion tenace, irrésistible, que rien ne peut vaincre, ni le renvoi du domaine s'ils sont métayers, ni la crainte des gendarmes. Le matin, avant la « pique du jour », ils se lèvent et partent.

Non plus que les premiers, ils ne vont au hasard ; leur marche est raisonnée, ils quêtent où ils savent trouver un lièvre, et ne tirent qu'à coup sûr, car ils n'aiment pas à perdre leur poudre. Puis ils rentrent furtivement au matin, avec leur gibier dans un havresac, sous la blouse, au moment où, après déjeuné, le « disciple de saint Hubert », bien équipé, bien armé, guêtré jusqu'aux genoux, la pipe à la bouche, part fièrement avec *Diane* ou *Black*, pour rentrer le soir, bredouille trop souvent.

Le dimanche, le paysan chasseur passe la journée dehors, sans souci du repos dominical, ni de la messe, et sans manger le plus souvent. Le matin, il a fait une frotte à l'ail et bu un bon coup — s'il a du vin ; — avec cela, il ira jusqu'au soir ; la passion le soutient.

Mais cette passion ne lui fait pas oublier la prudence. Il chasse de préférence dans les endroits boisés, accidentés, où en cas d'alerte il peut se cacher dans un fourré, se dérober dans une combe. Il a l'œil attentif et se garde de tous côtés. Quelquefois pourtant, les gendarmes, embusqués derrière un boqueteau, le surprennent. Mais pourvu que le pays soit couvert et qu'il ait un peu d'avance, il est sauvé. Il court bien et passe où les chevaux ne peuvent le suivre. Au besoin, il cache son fusil sous la palène, dans un vieux fossé de limite, et s'en va les mains dans les poches. Malgré tout, par malechance, il est pris quelquefois et condamné à l'amende ; mais comme il n'a pas vaillant dix écus de mobilier, il s'en tire les chausses nettes le plus souvent.

Voilà le plus commun type du braconnier du Périgord : chétif propriétaire, métayer, bordier, ouvrier rural : travailleur de terre ou artisan par métier, chasseur par passion. Quelquefois il a un méchant labri coupé de briquet qui jappe sur la voie du lièvre; mais le plus souvent il va seul. Il ne chasse guère la perdrix, parce que c'est trop dangereux; mais des fois, au clair de lune, il passe la moitié de la nuit à l'affût.

C'est ce paysan fruste en qui subsiste encore vivace, l'instinct de la proie hérité des habitants des cavernes préhistoriques; c'est ce brave homme adroit et rusé, que les chasseurs patentés, jaloux et envieux, maudissent et dénoncent aux gendarmes comme « braconnier ». Et avec quel sot dédain ils prononcent ce mot!

On n'a pas idée des imaginations saugrenues qui hantent à ce sujet les cervelles de certains hobereaux et bourgeois imbéciles. Il faut entendre ces choses-là le soir, au café de ces messieurs, ou les lire dans quelques journaux spéciaux. Il n'est pas d'invention absurde et inapplicable qui ne se produise comme infaillible pour la répression du braconnage. La disparition du gibier, fait de civilisation et de progrès agricole qui ira toujours croissant, affole ces échauffés qui réclament des mesures draconiennes pour le protéger; assimilation du braconnage au vol, grosses amendes et longue prison pour les chasseurs sans permis; interdiction du port du fusil, visites domiciliaires pour la recherche du gibier, et autres gentillesses.

On trouve même de braves gens qui voudraient ressusciter les anciens privilèges terriens, en interdisant la chasse à tout individu ne possédant pas au moins vingt hectares de propriété foncière.

Cette question du droit de chasse a toujours passionné les populations de nos campagnes du Périgord. Outre un vif sentiment de l'égalité devant un droit naturel, le paysan ne peut se loger dans la tête que le commerçant, l'employé, le citadin, le bourgeois; que quiconque a vingt-huit francs à dépenser pour ses plaisirs, puisse légitimement fouler ses récoltes, rompre ses clôtures, tuer les lièvres qui ont mangé ses raves, et les perdrix qui ont picoré son blé.

Il sent que l'ancien droit féodal qui interdisait la chasse au manant, n'a fait que se déplacer et se transformer. Ce n'est plus une affaire de caste, mais une question d'argent. Le privilège s'est démocratisé, mais c'est encore un privilège.

La conscience qu'a cet homme d'être tenu en dehors du droit de chasse par sa pauvreté, le rend indifférent ou hostile à toutes les considérations économiques et aux savantes et égoïstes théories bourgeoises sur la conservation du gibier. Et puis la passion le pousse. Tout jeunet, il tendait des « trapelles » aux grives dans les friches, au pied des genévriers; des « échirpeaux » sur les haies pour les merles, et des « setons » à l'entrée des clapiers dans les vignes entourées de murailles.

Devenu grand, il tue le gibier qui passe à sa portée, en n'importe quel temps; c'est autant de pris sur l'ennemi qui est le bourgeois, le chasseur régulier et patenté; mais il ne commet pas de meurtres inutiles comme lui.

Celui-ci, revenant bredouille, fusille stupidement les oisillons utiles à l'agriculure et détruit bêtement les rapaces qui chassent les mulots, les campagnols, les serpents, et mangent les sauterelles et les insectes.

Dans sa manie meurtrière, il décharge son fusil sur d'innocentes bêtes et ne manque jamais de brûler une cartouche sur le pauvre gentil hérisson, qui vit de souris, de vers, de limaces et de vipères; infiniment moins intelligent en ceci que le paysan qu'il méprise...

Mais il est nuit close. Au-dessus de la campagne silencieuse, la campane du village envoie au loin ses volées sonores, vigoureusement brandie par les garçons qui sonnent *la Luce*, comme ils disent, pour annoncer aux bonnes gens l'approche du jour joyeux de la Nativité :

> *A Sainte Luce*
> *Les jours croissent d'un pied de puce.*

NIVOSE

L'hiver n'est pas bâtard
S'il ne vient tôt il vient tard.

Sous un immense linceul blanc la terre est ensevelie. Les blés couverts par la neige sont abrités de la gelée comme par une épaisse couche d'ouate. Les prés étendent entre les haies un tapis régulièrement nivelé. Dans les bruyères et les brandes, la neige s'amasse sur les touffes d'ajoncs épineux et, dans les bois, fait ressembler les vieux châtaigniers aux formes tourmentées, à de grands squelettes blanchis.

La maison est bloquée. Dès le matin l'homme a pris sa pelle et fait un sentier pour aller à la grange donner aux bestiaux. Les poules surprises s'abritent sous une charrette et s'épouillent. Au coin de l'âtre où fume et chante le bois vert coupé dans les taillis et charrié sur l'échine par les mauvais chemins, les gens sont assis, de loisir. Nul bruit prochain. Dans l'étable tiède, les bœufs pensifs reposent, sur la « paillade » et ruminent. Dans le ciel couleur de plomb, une bande de corbeaux passe en croassant; et au loin, une détonation sourde rappelle aux soldats de l'hiver de 1870, les coups de fusil des avant-postes.

Aussitôt debout, la mère dit aux enfants : il a neigé! Ha! et vite ils se lèvent et contemplent cet aspect nouveau d'un paysage familier. Les divisions des terres et les diversités de cultures ont

disparu ; plus rien qu'une grande étendue blanche
entre les horizons, où se dressent comme des îlots
sombres de rares boqueteaux de pins, et où fument
çà et là les villages et les maisons écartées. Ils
contemplent un instant cette nature qui porte le
deuil de l'année, en blanc, comme les ci-devant
reines de France ; puis pensent bientôt à prendre
des oiseaux au piège et à faire des boules de neige.

C'est l'hiver, c'est le froid noir. Le paysan qui
a de l'engin fabrique des paniers, des cages de
bois, des attelles pour les bœufs, des pièges à
taupes, des manches de pioche et des fléaux à
battre le blé. Avec ce temps, le braconnier suit le
lièvre à la trace, et le soir, avec un falot et une
palette, il va dans les bois chasser les oiseaux à
« l'allumade ».

C'est l'hiver, c'est l'époque du solstice, de la
naissance des antiques dieux solaires : Agni, Mithra, Osiris, Bacchus et autres. Dans l'empire
romain on portait l'image du dieu nouveau-né aux
cris de : Evohé Bacchus ! Annouel ! ou Noël ! De
même faisaient les prêtres d'Isis. L' « Invincible »
Mithra avait aussi sa fête le jour du « Soleil nouveau » qui correspondait au vingt-cinq décembre.
C'est parce que ce jour était universellement célé-
bré que les chrétiens y placèrent l'époque de la
naissance du Christ.

C'est l'hiver, c'est la nuit. A travers la campagne scintillent, comme feux follets, les falots des
gens qui vont à la messe de minuit. On s'appelle
d'une maison à l'autre, et en passant dans les villages on huche les amis. Les filles, une cape sur la
tête, ou un grand fichu grossier, sont escortées de

leur galant, et tous deux se serrent, s'amitonnent,
et, en arrière des vieux, s'embrassent malgré le
froid. Ceux-là ne se plaignent pas de la longueur
du chemin, ni des amas de neige chassée par le
vent où l'on entre jusqu'à mi-jambe. Arrivés à la
paroisse, chacun secoue ses sabots contre une
pierre, puis entre dans l'église illuminée, et se
signe avec de l'eau bénite dès le seuil. Dans une
chapelle latérale une modeste crèche de mousse
et de branches de pin à l'odeur résineuse, offre à
la piété idolâtrique des bonnes gens de campagne,
un petit Jésus peint, que tous vont contempler
curieusement, à la lueur amortie par la verdure
sombre, d'une lampe suspendue qui représente
l'étoile des rois Mages.

C'est l'hiver, c'est le temps des veillées. Autour
de l'âtre rustique les gens se réunissent chez un
voisin aisé qui ne regarde pas trop à l'huile et à
quelques morceaux de bois. Le « calel » suspendu
au manteau de la cheminée éclaire faiblement la
cuisine et accroche un rayon perdu à quelque bas-
sine de cuivre posée sur une planche, tandis que
derrière la taque de la cheminée, le grillon chante
sa chanson joyeuse. Une vieille a porté sa que-
nouille, d'autres font leur chausse. Les veilleurs
aident ceux de l' « oustal », à peler les châtaignes
qu'ils jettent à mesure dans une grande « oulle »,
pour le déjeuner du lendemain. En arrière du cercle où la lueur fumeuse et vacillante se joue sur
les rudes figures encore brunes du soleil estival,
un homme à cheval sur une maie, égrène le blé
d'Espagne en râclant les épis dorés contre une
longue queue de poële.

Il y a toujours, dans ces veillées un vieux ou quelque ancienne, qui disent des contes de « fades » ou fées, de voleurs, de revenants et de « lébérous », ou de loups-garous, qui font « tribouler » les tout petits drolets serrés contre les vieux dans le « cantou » de la cheminée. S'il y a une fille dans la maison, son bon-ami est là tout près d'elle, venu de loin quelquefois par la neige et les chemins, qui joue avec la pelote de laine de sa belle et lui dit des choses amiteuses.

Les droles un peu grandets font cuire des châtaignes sous la cendre, des « viroles » comme ils disent. Des fois prenant un petit tison, ils le font aller, tourner et retourner dans tous les sens en décrivant des lignes de feu entre-croisées en arabesques capricieuses. Mais on les fait cesser promptement, car c'est une croyance chez nos gens que cet amusement les fait pisser au lit.

Parmi les veilleurs, il y en a souvent qui savent des devinettes patoises ; d'aucunes connues de longtemps, d'autres nouvellement fabriquées par d'ingénieux beaux esprits de village. Il en est de ces devinettes qui ont une tournure scabreuse pour taquiner les filles, et sont innocentes toutefois à la solution. La question étant posée, les enfants crient tous ensemble la réponse lorsqu'ils la connaissent ; sinon chacun cherche.

Ainsi, le malin demande :

— Qu'est-ce qui sauterait une maison et n'en sauterait pas deux ?

— Un œuf !

— Qu'est-ce qui porte des clous sous son ventre ?

— Un sabot ferré !

— Qu'est-ce qui fait le tour de la maison et se cache derrière la porte?

— Le balai !

— Qu'est-ce qui mange ses boyaux et boit son sang?

— Le « calel » !

— Deux « novis » vont au lit, la chandelle sur la table, qu'est-ce qui fond?

— La chandelle !

— Qu'est-ce qui est petassé, repetassé, et que jamais l'aiguille n'y a passé?

— Les nuages !

— Qu'elle est la chose qui grossit lorsqu'une femme la tient?

— Le fuseau !

— Qu'est-ce qui est à l'abri et toujours mouillé?

— La langue !

Et ainsi de suite pendant toute la veillée. Puis, lorsqu'il est heure tarde, les voisins se retirent et chacun va se coucher.

C'est l'hiver. Alors, au cours des longues nuits, dans les métairies écartées à travers pays, l'homme couché près de sa femme sous le couvre-pieds de morceaux d'étoffes disparates et les vêtements ajoutés en guise de couverture, se réveille et écoute les bruits nocturnes : le raclement de la chaîne des bœufs sur la crèche, l'aboi obstiné d'un chien épeuré, le hurlement d'un loup qui rôde autour des habitations et vient fourrer son nez sous la porte des étables mal closes ; le « clou ! clou ! mal jovent » d'une chouette enjuchée sur une tuilée ; la voix du coq Chanteclair qui marque les heures et, à l'aube,

fait s'évanouir les fantômes errants dans les ténèbres.

Ainsi passent les mauvais jours — et les nuits
interminables — ceux qui ont au grenier quelques
sacs de blé ou de seigle pour attendre la récolte.
Mais il y a de pauvres gens, journaliers, mercenaires qui, en cette rude saison, chôment et jeû-
nent. Pas de travail, pas de salaire ; pas de salaire,
pas de pain. Les misérables trente sous que les
riches propriétaires leur paient pour des journées
écrasantes, manquent à la pauvre famille. Les
enfants demandent du pain, et souvent il n'y en a
pas à la maison. C'est une situation dont les heureux de ce monde ne conçoivent pas toute l'horreur.

Pendant qu'ils regorgent de tout, il y a, dans nos
campagnes, des mères qui sont obligées de ration-
ner leurs enfants, ou même, chose lamentable, de
leur faire attendre longtemps le morceau de pain
qu'elles n'ont pas... Heureux encore, le père, si, en
cette extrémité, quelque usurier de village consent
à lui avancer une « quarte » de baillarge qu'il
devra rendre en la même quantité de pur froment.

Et puis, il y a le loyer à payer. Tous grelotteront
sous de méchantes hardes, sans feu au logis : mais
on ne peut gîter dehors. Petit loyer en vérité, mais
il faut le prélever sur le maigre salaire des jours
de travail très réduits par les dimanches, les fêtes,
le mauvais temps ; jours perdus pendant lesquels
on mange cependant.

Non, il n'est pas gros le loyer ; comment le
serait-il pour cette méchante cahute obscure, où
dans une unique pièce sont entassés sur la terre

battue, père, mère, garçons et filles, adultes et enfants, jour et nuit, en maladie comme en santé. La mère en couches, le père éreinté, les droles avec la coqueluche ou la rougeole qui les gagne tous, les enfançons en pleurs qui empêchent le sommeil... Au milieu de la fumée ou des mouches, toute cette famille grouille dans une déplorable promiscuité de misères, frères et sœurs souvent dans le même lit !

Au lieu de tonner contre les pauvres diables qui font à l'occasion une journée le dimanche pour donner du pain à leurs petits, les curés feraient mieux d'attendrir le cœur des mauvais riches, c'est-à-dire de presque tous les riches, et de les faire rougir de donner aux ouvriers de terre un salaire dérisoire et insuffisant.

Mais ils aiment mieux aller dîner chez eux.

PLUVIOSE

Il pleut, il pleut, il pleut encore, il pleut toujours. Sur la terre détrempée les gouttes pressées tombent lourdement avec un bruit mat comme des balles de plomb. Les fossés sont pleins d'eau sale où pointent les joncs; les prés sont inondés et les ruisseaux débordent.

Vers les confins du Haut-Limousin, dans la Double, les étangs envahissent la lande et les nauves. Dans le causse du Périgord, les méchants « lacs » se remplissent d'une eau blanchâtre qui croupira jusqu'à l'été, et finira par s'évaporer en laissant une vase infecte faite de limon et de la bouse des bœufs qui viennent s'abreuver là.

En pleine campagne, les chemins des villages sont impraticables souvent; il faut passer le long des champs où le sabot enfonce et se prend dans la terre gluante. Par le froid et la gelée on peut encore sortir quelque peu, mais avec ce temps diluvien, il faut rester au logis.

Pourtant, il faudrait qu'il fît bien mauvais temps pour empêcher les paysans de certains cantons, d'aller faire bénir une rave à la messe le jour de la saint Blaise. Ce jour-là, au lieu de leur faire honte de leur superstition, les curés se disent comme ce légat du pape qu'une foule imbécile importunait de demandes de bénédictions : Ce peuple veut être trompé, qu'il le soit!

Et comme lui ils bénissent.

Il pleut toujours. Le ciel bas semble une immense pomme d'arrosoir d'où s'échappe une pluie incessante qui assombrit l'air de hachures grises.

L'homme désœuvré, ennuyé, va à la grange, regarde les bœufs qui ruminent, leur donne une fourchée de regain, puis se plante sous la grande porte charretière, et, les deux mains dans les poches de son « sans-culotte », regarde d'un œil morne tomber l'eau.

Dans l'étable voisine, les brebis bèlent, tournées vers la porte qui ne s'ouvre pas, et, pour tromper leur impatience, s'en vont lécher une pierre salpètreuse. Au milieu de la basse-cour, une cane barbotte dans le purin détrempé d'eau qui découle du fumier : et, dans un tas de bruyère où il s'est creusé un trou, le « labri » dort couché en rond.

Fatigué de ne rien faire, l'homme revient à la maison où la mère rapetasse les méchantes hardes des droles qui s'ennuient de ne pouvoir aller galoper et se tarabustent pour se distraire. Lui, donne au besoin une buffe au plus noiseur, va s'asseoir sur un petit banc dans le « cantou » du foyer, reste là muet et songe. Quelles peuvent être les pensées de cet homme fruste et ignorant que la nécessité talonne, et dont le plus grand souci est d'affaner du pain pour la maisonnée ?

S'il n'a quelque dette qui le préoccupe exclusivement, son esprit s'éveille au spectacle des choses extérieures et tangibles. Cette pluie, si elle dure, fera peut-être du tort aux blés ? Oui, dans les terres fortes ; mais d'autre part elle noiera la vermine... Et puis, au point de vue de l'incommodité, le paysan n'est pas comme les gens des villes qui se lamentent s'il pleut lorsqu'ils veulent aller à la promenade. Le campagnard sait qu'il faut de la pluie en hiver, et beaucoup, sans quoi son puits tarirait, ou sa fontaine se dessécherait. Il faut que les réservoirs souterrains où s'alimentent les sources, se remplissent, afin de donner pendant les mois d'été une eau fraîche et pure, bien filtrée par la terre... Ainsi pense vaguement l'homme, et il prend patience.

Il y est façonné depuis longtemps d'ailleurs. Dès son enfance il supporte les intempéries des saisons, contre lesquelles toute révolte est inutile. Il a appris par expérience à combien d'aléas inquiétants sa récolte future est exposée ; il sait que peut-être il sera obligé de se serrer le ventre ; mais du moins il ne redoute pas la famine, ce fléau presque permanent autrefois, au point que sur soixante-dix-huit années, de 987 à 1066, le moine Glaber compte *quarante-huit* famines qui traînaient après elles la peste, le mal des ardents et les loups.

Sans connaître l'historique de ces famines, le paysan a conservé la tradition de cette terrible question de la faim qui épouvantait ses pères. De là cette espèce de vénération pour le pain sauveur, et cette constante préoccupation de n'en pas laisser perdre une miette.

Depuis les temps désolés du moyen-âge où on a vu dévorer des cadavres arrachés à la fosse, et vendre de la chair humaine au marché, jusqu'à la fin des temps modernes, la terreur de la famine a pesé sur le peuple des campagnes. Il n'était pas rare de voir alors les paysans brouter l'herbe et manger l'écorce des arbres. Au milieu du dix-septième siècle, les missionnaires de « Monsieur Vincent », comme on appelait le futur saint, font connaître des faits épouvantables : troupeaux d'hommes fouillant la terre comme des pourceaux pour y chercher quelques racines ; bêtes crevées, en putréfaction, dévorées par des affamés ; et nombreuses créatures humaines mortes de faim !

En ce siècle-là, la famine est en Périgord comme partout. Le paysan de France meurt de faim. Lorsque la famine aiguë ne sévit pas, la disette règne. Et pendant ce temps, le grand roi engloutit des centaines de millions dans de fastueuses constructions, et jette l'or sans compter à ses maîtresses et à ses courtisans. Un rébus populaire exprimait toutes les misères du paysan de ce temps-là :

VENANCE	FRANCE	FER	COLBERT
G	DE LA	K	LA FRANCE

« J'ai souvenance de la souffrance qu'a souffert la France sous Colbert ».

Le terrible hiver de 1709 est au seuil du dix-huitième siècle. La misère était immense dans tout le royaume. « Le mal est universel, disait le ministre Pontchartrain ; il n'est pas moins grand à Versailles qu'ailleurs ».

Nouvelle famine en 1725, et encore deux ans après. Le pain valait à Paris neuf sols la livre, ce qui représente plus de vingt sous d'aujourd'hui. Alors, commencèrent les accaparements et les spéculations criminelles sur les grains. Le 12 juillet 1729, par un bail de douze ans renouvelé jusqu'à la Révolution, Louis XV sanctionna les odieux agissements flétris par l'histoire du nom de Pacte de famine.

Les résultats ne se firent pas attendre. Il y eut des famines en 1740, 1741, 1742, 1745, 1767, 1768, 1775, 1776, 1784, 1789.

Écoutons ce que dit d'Argenson en 1740 :

« En pleine paix, avec les apparences d'une
» récolte sinon abondante, du moins passable, les
» hommes meurent autour de nous comme mou-
» ches, de pauvreté, et en broutant l'herbe ».
Parmi les provinces les plus malheureuses, il cite le Périgord.

Le duc d'Orléans porta un jour au Conseil un morceau de pain de fougère et dit : « Sire, voilà de quoi vos sujets se nourrissent ». Mais cela n'avait garde de toucher le roi, qui agiotait sur le prix des blés et se vantait impudemment du gain scandaleux qu'il faisait sur son misérable peuple.

Quatre intendants, des présidents au Parlement, des ministres, des courtisans, des maltôtiers, faisaient partie de cette criminelle association que protégeaient Sartine et le périgordin Bertin, l'homme du « petit ministère ».

En 1774, Turgot ayant fait édicter la liberté du commerce des grains, la coalition monstrueuse des agioteurs : la reine, les princes, le clergé, le Parlement, ses collègues du ministère, tout s'ameuta contre lui. Les gens du Pacte organisèrent une famine factice en faisant jeter les grains dans les rivières, détruire les moulins et incendier les gerbes, par des brigands soudoyés.

La misère du peuple de France, toujours croissante, était arrivée, à la Révolution, à un degré inouï, insupportable. Le 4 mai 1789, l'évêque de Nancy, La Fare, prêchant à la cour, s'écriait : « C'est un peuple martyr à qui la vie ne semble avoir été laissée que pour le faire souffrir plus longtemps ! »

En Périgord, la disette factice créée par les spéculateurs, jointe à la disette réelle, suite du rude hiver de 1789, fit naître des troubles à Bourdeilles, à Sainte-Alvère, à Thenon et ailleurs. Les paysans soulevés arrêtaient les voitures des marchands accapareurs, et empêchaient quelquefois les enlèvements de grains. Puis, dans presque toutes les paroisses, ils plantèrent des mais où étaient suspendus, avec les girouettes des châteaux, des mesures à grains, des cribles, des radoires, en signe de protestation contre le régime qui réduisait le peuple à un aussi misérable état.

Avec quelques légères molestations contre certains nobles insolents et mal avisés, voilà toute la vengeance du pauvre paysan périgordin pour tant de longs siècles de misère et d'oppression !

Aujourd'hui, tout cela est oublié, les souffrances d'autrefois comme les vengeances bénignes. Il ne reste plus dans l'esprit populaire qu'une méfiance générale et un éloignement invincible pour les hommes et les choses qui représentent ces temps désolés. Le paysan qui possède un petit bien, est sûr, désormais, de « manger du pain en travaillant », comme il dit, et cela suffit à cet homme sobre et courageux. Voilà pourquoi il a confiance dans l'avenir, et voilà pourquoi il regarde, impassible, tomber la pluie d'hiver.

Mais après plusieurs jours mouillés, le vent tourne et la pluie cesse. A l'humide auster succède par degrés l'aquilon venu du nord. Partout l'eau se prend. Les chemins où on ne pouvait passer se raffermissent ; les sabots sonnent sur la terre durcie et, dans les empreintes d'un pied de bœuf, brisent la glace avec un bruit de vitre cassée. Alors, dans les terres égouttées, l'homme mène les fumiers et, après l'épandage, fait les labours d'hiver lorsque le temps se radoucit. Les prés sont morts, grisâtres et tristes, les bois sont dépouillés, les herbes folles des champs sont desséchées, et le long des chemins, les grands chardons-peignes dressent leurs têtes rondes hérissées.

Cependant, au milieu du sommeil hivernal, les noisetiers mettent leurs chatons ; et en allant tailler sa vigne, le paysan aperçoit le long d'un taillis, pointer sous la mousse et la palène flétrie la perce-neige à la fleur laiteuse, qui devance le renouveau.

Et bientôt reviennent au pays la gentille alouette, la grive, et le gai pinson qui donne un peu de vie aux bois désertés en brumaire :

Tui ! tui ! tui !

VENTOSE

Les froids secs ont cessé, le dégel est venu; c'est le temps des bourrasques de l'équinoxe de printemps. Comme un troupeau de moutons qui se pressent et se bousculent, des nuages blanchâtres accourus de l'Atlantique, se précipitent sur nous, poussés par l'impétueux Japyx (vieux style). Il fait gros temps; la nuit, le vent souffle au dehors et passe sur les noyers avec un bruit de torrent grossi par les orages. Il filtre par la tuilée, gémit dans les galetas et hurle sous la porte du grenier, qui bat, mal fermée. Les rafales font crépiter la pluie sur les contrevents clos, et s'engouffrent à grand bruit dans la haute cheminée. Par moments, dans l'obscurité, le noir de poix, l'ouragan s'exaspère. Les gémissements deviennent des rugissements; les tuiles et les ardoises mal attachées s'envolent comme des plumes; des gravats tombent dans l'âtre; des coups de vent plus furieux secouent la charpente; et au dehors, on entend le craquement sinistre d'un arbre déraciné par la tempête. Alors, dans la vieille maison qui tremble, derrière les courtines du vaste lit que l'air agite, on songe aux marins perdus sur l'immense Océan...

Le matin, le soleil invisible éclaire la terre à travers un épais écran de nuages gris, roussâtres comme une fumée d'incendie, et répand sur la campagne déserte un jour blafard qui donne aux choses une morne physionomie.

Parfois le vent étant tombé depuis l'aube, à travers une déchirure du voile épais qui assombrit la terre, quelques rayons de soleil passent et projettent une lumière divergente sur un coin de paysage qui s'éclaire un instant, pour rentrer bientôt dans un demi-jour terne lorsqu'un nuage aveugle la trouée lumineuse.

Puis, le vent se réveille et fouette les nuées qui fondent en giboulées, et criblent la terre d'une pluie cinglante mêlée de grêlons, souvent. Après l'ondée, les cumulus arrondis accourant toujours en masses serrées, s'amoncellent et se chevauchent, pour se résoudre en une nouvelle « horée », ou pluie d'une heure.

Après les grains, s'il survient une accalmie suffisante, le paysan s'en va aux champs, sème les avoines de printemps et les fourrages artificiels : sainfoin, luzerne et trèfles. Dans les terres, les blés verts pointent sur le sillon et réjouissent ses yeux s'ils sont d'une belle venue. Lorsque le dégel a fait boursoufler la terre et déchaussé :

Le brin d'herbe sacré qui nous donne du pain,

il passe le rouleau sur le champ pour le raffermir.

Devant lui des vols d'alouettes s'enlèvent, papillonnent un moment pour après s'aller abattre plus loin, tandis que sur les coteaux secs, dans les bruyères, les perdrix se recherchent et s'appellent pour la pariade.

Tout dans la nature annonce le prochain réveil des êtres et des choses. Sous l'herbe, au pied des haies, fleurit la violette que nous appelons « fleur de mars » ; et sur les pentes arides et le long des talus pierreux, le buis façonne ses petites

marmites qui amusent les enfants. Dans les prés
qui reverdissent, les drolettes vont ramasser les
pissenlits tendres, qui, assaisonnés avec l'huile de
noix nouvelle, feront la plus délectable des salades.
Souvent, en même temps, elles rapportent des
« coucous » propres à faire de la tisane pectorale,
mais dont elles fabriquent de gros bouquets ronds
en forme de pommes à lancer ; car qui vit jamais
des gens de campagne enrhumés prendre de la
tisane ?

O primevère, jeunesse de l'année ! — Maintenant que nous sommes un peu défâchés avec les
gens de la botte péninsulaire, on peut bien se rap-
peler cette exclamation du « divin » Métastase,
comme ils disent. — O primevère, avant-courrière
du printemps qui va naître, fleur au délicat parfum, toi qui fais la joie des enfants et en un besoin
guérirais les vieux tousseux, salut !

Avec toi revient le temps du carnaval, ce temps
béni où la famille dispersée par les nécessités de
la vie se rassemble à la maison paternelle ou
autour des vieux parents ; ce temps joyeux où le
pauvre oublie un instant sa misère ; où le malheureux rassasie enfin son ventre qui crie la faim
toute l'année !

Les bourgeois gastrolâtres qui font chaque
jour deux repas à la fourchette ; les curés à trois
mentons qui prennent des franches lippées à la
table de leurs ouailles riches, et festoient mensuel-
lement les uns chez les autres, ne comprnenent pas
cela. Ils traitent les pauvres gens de gourmands et
d'ivrognes, parce qu'ils mangent, ce jour-là, de la
viande pour un an et qu'ils trinquent un peu trop

souvent entre parents, eux qui ne boivent jamais de vin ! Pure calomnie, d'ailleurs, car cela ne dépasse pas une grosse gaieté : Le paysan se grise par occasion quelquefois à l'auberge, jamais chez lui.

Ils oublient, ces messieurs, tout ce que l'épargne faite pour fêter ce jour familial, représente de privations antérieures ! Qu'ils laissent donc les pauvres diables festiner un pauvre jour à leur aise. Peut-être ce mardi-gras mangeront-ils du poulet rôti..., rôti non à la broche, ils n'en eurent jamais une, mais au moyen d'une ficelle pendant à la cheminée. Le poulet rôti ! ce rêve culinaire du paysan entres toutes les choses esculentes ! Ce terme de comparaison des excellentes victuailles ; cette suprème expression de la bonne chère, qui revient souvent dans les admonestations des parents aux enfants très friands : On t'en donnera des poulets rôtis !

Le paysan est sobre, patient, travailleur, économe, et point *fumellaïre*. Il semble que les classes dites supérieures, le calomnient pour avoir le prétexte de le mépriser. Sans doute, il a des défauts, mais ils lui viennent presque tous de sa condition sociale depuis des siècles.

Il est grossier ? incongru ? Mais, qui donc s'est soucié de son éducation ? Ses maîtres ont-ils seulement jamais pensé à l'influence démoralisatrice de l'effroyable promiscuité dans laquelle ils l'ont obligé de vivre de tous temps ?

Il est intéressé ? Mais cela n'est-il pas légitime, lorsqu'un sou représente un morceau de pain nécessaire ?

Il est méfiant ? Mais n'a-t-il pas sujet de l'être, lui qui a été victime pendant des milliers d'années, et qui est encore dupe aujourd'hui ?

Il est superstitieux ? Mais, qui donc l'a rendu tel, sinon ceux qui ont toujours dirigé sa conscience ! Quelle influence le portait naguère à enterrer le Mercredi des Cendres les restes de viande du Carnaval, et à faire jeûner les bœufs le Vendredi-Saint ?

Il aime trop âprement la terre ? Cela est vrai, heureusement pour tous ces descendants de pieds terreux qui font aujourd'hui les grands seigneurs, et méprisent leurs ancêtres dans les paysans d'aujourd'hui !

Oui, le paysan aime la terre d'un amour exclusif et profond. Outre les raisons qu'il a d'affectionner le sol qui le nourrit, qui lui donne le blé, le vin et tout, il y a autre chose. Cet amour est un fait d'atavisme venant de loin, de ces serfs, de ces manants que peu à peu la terre conquise affranchit, et qui lui en étaient reconnaissants.

Quoique ignorant de l'histoire, il a conscience de cette libération et, sans philosopher là-dessus, il sent que la terre seule peut achever de l'émanciper, comme elle a émancipé ses pères. Celui qui possède veut conserver, celui qui n'a rien veut conquérir.

Autant la condition du paysan propriétaire qui ne relève que de ses bras et de sa volonté, qui tire de son fonds sa vie et sa liberté, est heureuse, autant celle du paysan mercenaire, esclave de la glèbe, est incertaine et malheureuse. Aussi aspire-t-il à la propriété avec une véhémence de désirs qui se révèle parfois dans des actes individuels violents.

Mais, en général, pourvu qu'il ait quelque espérance de réaliser son rêve terrien, il prend patience. Au contraire, s'il n'entrevoit pas la possibilité d'accéder à la propriété libératrice, il se dégoûte et déserte la terre. C'est pourquoi on voit de beaux messieurs beourgeois, se lamenter sur le manque de bras : On ne trouve plus de bons métayers ! plus de journaliers !... Eh f... ! cultivez vous-mêmes vos terres ! Pensez-vous qu'il y ait une classe de gens destinés à travailler éternellement pour vous ?

Le paysan sent tout cela. Jadis les prêtres lui avaient fait accroire que selon les décrets de la Providence divine, il devait suer, peiner, et crever de faim, pour nourrir et entretenir en joie et liesse les riches oiseux qui possèdent la terre. Aujourd'hui il est désabusé. Il se dit que les gros bourgeois fainéants et absentéistes, n'ont que faire de vastes propriétés qu'ils ne cultivent pas et ne pourraient cultiver. A eux le haut commerce, l'industrie, les métiers libéraux, la spéculation, les fonctions publiques ; mais qu'ils laissent la terre à ceux qui la mettent en œuvre ! Une maison de campagne, un jardin, un enclos, suffisent à ces messieurs pour leurs ébats champêtres. Ainsi pensent les déshérités de la « machine ronde ». La terre au paysan ! voilà le résumé de leur légitime ambition.

Il est grand temps d'y songer. L'heure de la justice sociale a sonné. Il est urgent de faire cesser un état de chose inique et odieux ; de constituer une solide démocratie rurale de paysans possesseurs, ayant leur vie et leur indépendance assurées. Il est plus que temps que les métayers, les bordiers, les tierceurs, les journaliers, tous les mercenaires,

soient libérés du prolétariat agricole ; que ces derniers restes de la conquête et du brigandage féodal
disparaissent ; que les descendants des serfs, des
mainmortables, des gens de poeste, des manants,
deviennent effectivement des citoyens, et aient avec
la terre, le bien-être dû au travail, ainsi que la
réalité des droits civiques dont ils n'ont que
l'ombre...

Sans quoi, gare la prochaine révolution :

Quan lous peds-terrous levas dreits
Lou bigot sur l'eschino,
En lous minours negreis
Et lous oubriers de l'usino,
Coudeis sarrats, e fiero mino,
Marcharan tous per counquesta
Terro, util, machino,
E liberta !

SANS-CULOTTIDES

Elevons-nous dans le temps et dans l'espace au-dessus de nos préjugés sur l'immutabilité des formes actuelles de la propriété et des lois qui la régissent.

La nature a livré la terre à l'universalité des hommes pour en user dans la mesure de leurs besoins.

Elle n'a point voulu que quelques-uns possèdent sans travailler, récoltent sans semer jusqu'au superflu, et que beaucoup d'autres travaillent sans posséder, sément sans récolter toujours le nécessaire.

Elle a voulu au contraire que chaque homme pût librement pourvoir à sa subsistance par le travail direct de la terre.

A ce droit naturel primordial, s'opposa pendant de longs siècles le droit brutal du plus fort, réduit plus tard en articles par les légistes, et béni par les prêtres moyennant une part des dépouilles. C'est le droit de Clovis sur les Gaules, de Pépin sur l'Aquitaine, de Félicissime sur le Périgord, de tout seigneur sur sa terre; il n'y en a pas d'autre.

A ce droit inique qui finit par soulever la conscience humaine, a succédé depuis un siècle l'éviction impersonnelle des faibles par le seul jeu automatique des lois issues de l'impitoyable législation quiritaire. Ainsi le droit nouveau qui devait procurer la justice agraire consacre l'iniquité, et les lois qui devraient protéger les faibles les accablent.

La *propriété* telle que nous l'avons conçue, d'après le dur génie des jurisconsultes romains se définit, le droit d'*user* et d'ABUSER de sa chose.

La *possession* telle qu'elle résulte d'une conception plus humaine du droit, peut se définir la faculté d'*user* des choses dans la mesure de ses besoins : c'est la consécration de l'appréhension du sol par le travail personnel.

De cette conception découle directement l'interdiction de l'accaparement de la terre, et, par conséquence, la nécessité de la limitation de la possession.

Le droit éminent sur la terre appartenant à la Nation, cette limitation en étendue et en valeur se déterminerait en combinant ses deux principes essentiels :

1° Nul ne peut posséder plus de terre qu'il n'en peut mettre directement en rapport, lui et les siens habitant sous son toit.

2° Chacun a droit à la quantité de terre nécessaire pour le nourrir et sa famille vivant avec lui à même pot, sel et chanteau, comme disent les anciennes coutumes.

Bien entendu, cette loi de limitation devrait laisser une marge assez large pour stimuler l'énergie individuelle, mais suffisamment restreinte pour empêcher l'accaparement du sol par les mammons du capital, les forbans de la spéculation, les philosophes du grand tripot de la Bourse, les usuriers de haut vol et autres telles espèces nuisibles.

Car la terre n'est pas une marchandise, un objet de luxe, de gloriole, de pur agrément, ni un moyen d'influence pour les riches, c'est une demeure, un

chantier de travail et un moyen de subsistance
pour tous.

Cette loi serait d'autre part corroborée par une
disposition sur l'inaliénabilité d'une portion des
biens de famille[1]; par des modifications aux lois
qui régissent l'acquisition des biens fonciers ; et
par la suppression de l'hérédité en ligne collatérale,
sauf en de certains cas déterminés.

Toutes mesures de transition nécessaires prises
d'ailleurs.

Ainsi disparaîtraient des abus odieux ; ainsi la
grande famille des déshérités, tous les pauvres
Jacques-sans-terre, ne seraient plus obligés de
payer les grands seigneurs terriens en argent ou en
nature, pour avoir le droit de vivre en travaillant,
ou encore de recevoir d'eux un misérable salaire
de famine.

Sans doute beaucoup de détenteurs actuels de
ces vastes domaines possèdent innocemment; mais
les iniquités du système n'en pèsent pas moins sur
leur tête. Aussi haut qu'ils fassent remonter la
possession de leur terre, il se trouvera toujours que
le premier occupant n'avait aucun titre.

Et en droit naturel humain il n'y a pas de pres-
cription.

Il est donc juste et nécessaire de donner aux
prolétaires de la glèbe qui abandonnent une terre
marâtre, leur accession à la libre possession du sol.
Non seulement c'est une question de justice, mais
c'est aussi une question de salut public. Sans une

---

(1) La loi Ribot établissant le *homestead* a été votée le 12
Juillet 1909.

équitable répartition des biens, la démocratie française est condamnée à périr comme ont péri les démocraties antiques.

Un citoyen est pernicieux à qui sept arpents de terre ne suffisent pas !

C'est pour avoir oublié ces paroles du consul Manius Curius que Rome est morte, et que quatre cents ans après ce grand homme, Pline pouvait dire :

Les grandes propriétés ont ruiné l'Italie et les provinces.

Hautefort, 1903

TABLE

IMPRIMERIE DE LA VÉZÈRE
MONTIGNAC (DORDOGNE)

www.ingramcontent.com/pod-product-compliance
Ingram Content Group UK Ltd.
Pitfield, Milton Keynes, MK11 3LW, UK
UKHW031836170726
13836UKWH00004B/1725